本國史基本讀本（上）

孫文學校◎編著

序：國人不可不知本國史

隨著台灣的民主化，中華民國的歷史、文化、思想教育也發生了顚覆性的巨大變化。經過三十年從量變到質變的過程，現在國人應已瞭解，這股以「自由化」、「多元」爲名的教育改革浪潮，其眞正的本質是要「去中華民國化」、「去中國史化」、「去立國思想化」、「去中華文化」的政治運動。

孫文學校出版「松、竹、梅、蘭」文史哲叢書，分別爲「本國史基本讀本」（松）、「中華文化基本讀本」（竹）、「孫文思想基本讀本」（梅）、「台灣史基本讀本」（蘭）四套書，塡補台灣已經逐漸失去的中華歷史觀、中華文化觀與立國思想，以期留下不致消亡的火種。

如果說記憶是形成一個人人格內在一致性的基礎，那麼歷史就會是形成一個國家，乃至一個民族之性格的基礎。我們對每件發生在我們周遭的事情，不可能樣樣都會記得，因此在形成自己記憶的過程中，總是會選擇對自己重要的、有價值的事件，而在腦海中留下記錄，不管這件事給我們帶來的是歡樂，或是痛苦。這個過程相信每個人都有經驗，也非常清楚。就在這樣一種不斷進行的記憶累積中，完成了我們自己的價值觀，以及對這個世界的基本看法。

同樣的道理，一個家庭，一個彼此有密切關係的社會，乃至一個城市，一個國家，一個民族，也都是在同樣的過程中，把彼此凝聚成了一個共同體。而這個過程，其實就是歷史；這也就是說，沒有一個共同的歷史，一種共同的歷史感，我們彼此之間講不出共同的故事，那麼我們就不可能形成一個共同體，其他的群體也將不可能把我們當成一個共同體的成員來認識我們。這點也就說明了歷史的重要性。

這也就是爲什麼古人說「欲亡人國者，先亡其史」的道理。若想要消滅一個國家、民族，不意味著要把這個國家的每個人都消滅掉，只要將其歷史消滅，讓這個國家、民族的每個人不再記得他是如何而來，當人們的記憶遭全部被換掉爲另一個新的歷史記憶時，就成爲另一個國家或民族的一分子了。

世界上有這樣的例子嗎？其實這種例子並不罕見，比如說古埃及在被亞歷山大征服後，古老埃及的記憶就被逐漸刨除了，古老埃及的故事只剩下了一些死亡的記憶，被靜靜地埋藏在金字塔中，在夕陽的餘暉裡，歸於大地與塵土。今天我們也許會講起埃及豔后克里奧佩特拉的故事，但這個埃及豔后，跟法老王其實是沒有關係的，法老王跟現在那塊土地上的埃及人，彷彿也是兩個世界的人物，這就是歷史被毀棄掉的結果。

各位知道嗎？今天在台灣這塊土地上，正有一群人在處心積慮地做著這樣的事，他們試圖抽換掉屬於我們這塊土地上每個人的共同故事，把它換成另外的故事脈絡。所有的統計數字都告訴我們，台灣有百分之九十八的人的祖先是來自大陸的漢民族，這比率高過世界上任何一個中國人的社會，包括中國大陸。不管台灣近百年的歷史發生過多少曲折，台灣社會的基本組成分子，就是這樣一種結構，這是不容否認的事實。可是今天台灣各級學校的歷史教科書，卻要徹底抹掉這一事實，要把我們大多數人的民族歷史從根拔起，這是件多麼可怕的事。如果說我們多數人的歷史認知，主要來源是正規教育中的歷史教科書的話，那麼台灣今天所謂的歷史教育，究竟想要達成什麼目標呢？

政治是不可如此粗暴！如果某些政治的圖謀，居然是要以抹卻我們對祖先的記憶爲代價，這是絕對不能容忍的事。我們要知道，在任何一個國家的「本國史」教育中，所謂的「本國」都不會僅止於是政治上的本國而已，還包括了這個政治上的本國所承繼的以前的歷史，這特別對我們國家更是如此。

作爲延續清朝的中華民國誕生於一九一一年的武昌起義，但整個中華民族卻是誕生於幾千年前，或者更早。中華民族作爲目前世界上最古老而且始終延續著的民族，這是我們的驕傲，也是我們每一個中華兒女有義務去繼承與承擔的。截至目前爲止，我們的國家依然是中華民國，一個在法統上、憲法上仍然承繼著全中國，以及全中華民族的中國；然則究竟是誰，居然魯莽滅裂地把中華民國的本國史偷天換日地變成了台灣史，還把原來多少還保存一點的中國史也給消滅了，改成東亞史了呢？

這些年來，孫文學校的一些朋友在歷史與文化教育問題上努力發聲，曾編印出版過高中歷史教科書，舉辦多場研討會、座談會，在各地演講，也曾拍攝《百年中國：迷悟之間》六集紀錄片（Youtube上可閱），爲的就是捍衛國史，盡中華民族一分子應有的心意。

孫文學校沒有公權力，我們改變不了政府的課綱，但我們強烈認爲中華民國的本國史不可廢，每一位中華民國的國民也都必須要知道本國史，需要知道一個從堯舜禹湯一脈而下的，屬於中華民族的本國史，因此我們只能以民間的力量，來維繫這一條歷史的命脈，這就是我們之所以要出版這兩冊本國史讀本的緣由。我們的力量雖然微薄，但心願卻是宏大的，也希望這樣一種心願，能夠爲台灣今天政治的許多倒行逆施，存留一點天地的正氣。中華民族的歷史已經綿亙了幾千年，當然不會因爲一些跳樑小丑，就斷了他的慧命，不廢江河萬古流，這是我們的信心，也是做這件事的最大動力。

這兩本《本國史基本讀本》，乃是根據以前教育部的「部編本」重新編寫，在改寫時，也特別用簡潔精練的文字，以符合原有的文風。本書始自「中國遠古時代」，止於民國三十八年（一九四九年）的兩岸分治，後續有關台灣部分，孫文學校同時出版了一本《台灣史基本讀本》，相關的史事在該書中已有交代，而兩岸分治後在大陸發生的種種情事，或許與大陸有識之士共同合作撰寫，更爲客觀及理想。

我們也想說的是，以前的「部編本」大約是目前三十五歲以上的朋友當年的教科書，如今在歷史課本已經被改得面目全非之後，讓當年的讀者重溫一下舊夢，讓不曾接受過這樣教科書洗禮的年輕朋友，瞭解一下你們父母親當年的教育內容，以及由之而形成的歷史記憶，應該也是一件很有意思的事情。聽說，現在有些高中生以懷舊的心情，到舊書攤上去買他們父母當年所讀的歷史課本，讀完之後，都感覺與父母親的認知距離更近了。現在我們就以最方便的方式，一起來重溫，也重新補習一次我們該有的共同歷史記憶吧！

教科書總是比較枯燥，大家讀歷史大概都會希望故事性可以比較大一點，這樣會比較有趣。的確，教科書不是故事書，再加上中華民族的歷史實在太悠久，要用簡短的篇幅讓大家很快速地走一遍，當然會是提綱挈領，十分簡要的。但也請各位讀者換一個心情，就當這只是一份有關中華民族歷史的導覽資料，也許就會讀來津津有味了。如果對任何一段歷史、一位人物感到興趣，現在電腦那麼方便，您一定很快就會搜尋到你期待或意外發現的精采故事，但無論如何，希望這兩本讀本能夠提供您按圖索驥的出發點，也讓您塡補今天台灣歷史教育中的一點空白，塡補上您作爲炎黃子孫的一些必要記憶，那就是我們最大的功德了。

本書的出版，承謝大寧教授及多位學術界好友協助甚多，特此致謝。

孫文學校總校長
張亞中 謹識

目錄

第一章

中國的遠古時代

第一節　石器時代生活的演進

人類的體質和生活，是逐漸演化而來的。早期的歷史，經過了漫長的石器時代。石器時代由於石器製作的精粗不同，考古學家分為「舊石器時代」與「新石器時代」。

一、舊石器時代

在舊石器時代初期，人類體質的演化階段，介於現代人和人形猿之間，其重要特徵：腦容量較猿為大，能運用雙手製作簡單的工具，下肢已能直立，並且會運用語言，表情達意。

我國境內舊石器早期的猿人，以「中國猿人」——俗稱「北京人」——發現較早，出土的化石和標本較多，生活的環境也較為清楚。他們住在天然的山洞裡，用石器和骨角製作的器具獵取馬、牛、犀、鹿等動物，採取野生的果實。他們已知用火來燒烤獸肉、取暖或防禦。火的使用，是人類史上的一件大事，因為到現在為止，還沒有任何其他的動物能夠用火，「北京人」實已開始了文化的生活，其時間距今約五十餘萬年。相當於「北京人」的猿人，還有陝西渭水流域下游發現的「藍田人」，其他在湖北、雲南等地，也都有早期猿人活動的痕跡[1]。

舊石器時代初期猿人的生活，是人類早期歷史在茫茫黑夜中的一線曙光。經過幾十萬年的演化，到了舊石器時代末期，人類體質已經進化成「智人」（Homo sapiens）。我國最早發現的「智人」爲「山頂洞人」[2]，他們不僅已具有現代人的體質，並具有蒙古人種的特徵，其時間距今約兩萬年。他們的文化，遠較猿人進步；石器與骨器種類也多，並有骨製的針，可知已有縫紉的能力。這時可能已有了初步的社會組織。從埋葬的習慣以及殉葬品來看，表示已有了信仰未來的觀念。舊石器末期的「智人」，在廣西等其他地區也有發現。

1藍田人發現於陝西省藍田縣，所掘得的猿人化石，為一個完整的頭骨、一個頷下骨及若干牙齒，湖北省鄖縣發現所謂「鄖縣人」及「鄖西人」；雲南省元謀縣發現「元謀人」，但所掘得的猿人化石，數量很少，僅得猿人門齒兩顆而已（鄖縣人三顆）。

2在河北省房山縣周口店發現「中國猿人」同一山上的洞內，發現男女大小七口的骨骸，和許多遺物及動物化石，學者名此男女七口為「山頂洞人」。

二、新石器時代

新石器時代，石器的製作以磨製爲主，這時已經開始了農業的生活。此外，村落形成、飼養家畜、製作陶器，也都是舊石器時代所沒有的。從舊石器時代到新石器時代，人類的生活顯然經過了很大的變革[3]。新石器時代的誕生，距今至少八千年前即已開始。

我國最著名的新石器時代文化，有「彩陶文化」與「黑陶文化」。「彩陶文化」最先發現在河南省澠池縣仰韶村，所以又稱「仰韶文化」；「黑陶文化」最先發現在山東省歷城縣龍山鎭，所以又稱「龍山文化」。新石器時代的遺址分布很廣，以黃河流域最爲普通，其他如長江流域與東北地區，也都有重要的發現[4]。

新石器時代人類生活發生了很大的變革，其原因除了石器製作的技術較以往進步以

3有的考古學家把這種變革稱之為「新石器革命」。再者，從舊石器時代到新石器時代，有人認為經過了「中石器時代」或「細石器時代」，因為發現的資料不多，故從略。

4長江流域有湖北京山的「屈家嶺文化」、浙江餘姚的「河姆渡文化」；東北地區則有遼河流域的「紅山文化」。

外，主要還是由於農業的誕生。因爲農業生活出現以後，只要一部分人從事耕作，食物就不虞匱缺，其餘多數人可以分工，從事個別專精工作，所以各種器物粲然齊備。分工合作實爲人類促進文明進步的主要因素。

我國新石器時代人類，已經過著農業和村落的生活，文化水準很高。當時已進入農業社會，主要農作物爲小米與稻米，農具有石鋤、石耨，及穀物加工用的石杵、石臼等；飼養的家畜，「六畜」都有，但以犬與豬最多；他們以絲、麻縫製衣服，以陶製的鼎、鬲、甑、甗等作爲烹飪的工具；住的房屋以「半地穴」式建築爲多，村落的面積雖不很大，多有一定的格局。河南澠池的仰韶村，陝西西安的半坡村，都是著名的新石器時代村落。陶器是新石器時代具有代表性的器物，它不僅可用以儲存，其彩繪及形制也是精美的工藝品。有的陶器上，更發現了刻畫的符號，據學者的研究，屬於中國文字的先驅。中國遠古的文明，到了新石器時代，已經大放光彩。

【研究與討論】

一、試以「北京人」為例，說明舊石器時代初期，人類體質和生活的重要特徵。

二、新石器時代人類生活有何重大變革？原因何在？
三、我國新石器時代的人們，生活情形如何？
四、研討「分工合作」為何是人類文明進步的重要因素，並提出自己的看法。

第二節　文獻傳述的遠古文明

關於我國遠古時代先民的生活，除了考古學者的發掘研究以外，歷代文獻也記載了許多重要的傳說。這些傳說，雖然出於後人的追述，但其中頗能表現文明演進的特徵，顯然也有部分的事實。

一、原始生活的演進

太古時代，先民穴居野處，易受風雨和猛獸的侵襲；後來有巢氏發明了構木爲巢，居處才獲得安全。飲食方面，先民茹毛飲血，生食蚌蛤蟲魚，易生疾病；後來燧人氏發明了鑽木取火，教民熟食，原始生活才獲得改善。到了伏羲氏，發明了捕魚打獵的網罟，教民飼養家畜，並制定嫁娶，使有婚姻制度和社會秩序；又觀察自然界的現象，始畫八卦[5]，文明更爲進步。再後爲神農氏，亦稱炎帝。其時由於人民衆多，禽獸不足，於是神農氏發明耒耜，考察土宜，嚐百草求可食之物[6]，教民播種五穀；並訂日中爲市，以物易物，正式有了交易行爲。農業的發明，增加了食物的來源，先民的生活更爲安定。

有巢、燧人、伏羲、神農等重大發明[7]，對於先民生活的改善，都有其顯著的貢獻；這些傳說中的遠古時代聖王，實代表我國遠古文明演進的幾個階段。後世以燧人、伏羲、神農合稱「三皇」。

二、黃帝的功業

相傳炎帝神農氏的後代衰微，無力統治天下，各部族互相侵伐。黃帝軒轅氏就修德整軍，乘時而起，諸侯都歸附黃帝，於是黃帝與炎帝的後裔戰於阪泉之野，三戰而勝。

---

5 八卦係以陽爻「⚊」與陰爻「⚋」組成，以任意三爻加以組合，可以得到八種圖形，就稱為「八卦」：「☰」乾為天，「☷」坤為地，「☴」巽為風，「☶」艮為山，「☵」坎為水，「☲」離為火，「☳」震為雷，「☱」兌為澤。

6 相傳神農氏嚐百草，並以藥濟人，後世尊他為醫藥之祖。

7 古史多把有巢氏列在燧人氏之前，但並不表示「構木為巢」在「鑽木取火」之先。

這時南方的九黎君長蚩尤勢力強大，對黃帝進攻，黃帝與他大戰於涿鹿。相傳蚩尤趁大霧來攻，黃帝造指南車指示方向，擒殺蚩尤。又北逐葷粥（音薰育）[8]，大會諸侯，諸侯乃尊黃帝為天下的共主。

黃帝建國於有熊（河南新鄭），史載他的疆域東至於海，西至崆峒（甘肅平涼西邊），南至長江，北與葷粥為鄰。據後人推測，他的時代，約始於西元前二六九八年[9]。

黃帝建立了初步的立國規模，他和同時代的人有許多重要的發明，如衣裳、冠冕、宮室、舟車、弓矢、指南車、天文、曆數、音律等。元妃嫘祖教民育蠶治絲，這是我國有蠶絲衣服之始；史官倉頡創作書契，是我國有文字之始。

三、黃帝子孫

繼黃帝而立的為黃帝之子少昊（音浩），其後為黃帝之孫顓頊（音專旭），再後為黃

8 葷粥就是後來商代的鬼方、周代的玁狁、秦漢時代的匈奴。

9 黃帝元年，究當西元前幾年？並無定論；董作賓考證為西元前二六七四年，亦可備一說。

帝的曾孫帝嚳（音庫）。帝嚳有四子，即摯、堯、契、棄。帝嚳卒，摯立，不為諸侯歸服，立其弟堯。契為商的祖先，棄為周的祖先。舜與禹則為顓頊之後。其中黃帝、顓頊、帝嚳、堯、舜，合稱「五帝」。

從傳說的古史系統來看，唐、虞、夏、商、周、秦，都是黃帝的後裔，而中國的古代文明，在文獻記載中至黃帝而大備，中國的歷史從黃帝起也較有系統，所以黃帝被尊為中華民族共同的始祖，後世都以黃帝子孫自居。

四、堯舜時代

黃帝之後，以堯舜時代最為重要。相傳堯是一位仁慈的賢君，都平陽（山西臨汾），國號唐。他曾派人觀察星象，教民依照季節耕種。堯老，四方諸侯推薦以孝聞名的舜來繼承。堯先考察舜的品德和才能，令其攝行天子事，舜都能盡職。堯死，舜順應諸侯的擁護，即天子位，都蒲阪（山西永濟），國號虞，他設官分職，命禹平治洪水，教導人民耕種，於是政教修明。他晚年仿堯的辦法，禪位於禹，這就是所謂的「禪讓政治」。

堯舜的治績，深為後世所稱道，儒家的經典，如《尚書》，就是自堯開始記載的。

【研究與討論】

一、燧人、伏羲、神農，各自代表人類生活演進的哪一個階段？

二、黃帝時代有哪兩大重要征戰？有哪些重要發明？

三、研討黃帝何以被尊為中華民族的始祖？

四、堯舜在歷史上具有怎樣的地位？

第二章

三代的興衰與文化

第一節　夏朝的建立及其大事

我國古史，以夏、商、周合稱「三代」。夏代的歷史，文獻早有記載，雖然考古發掘，還沒有得到直接的文字史料，但是它的存在，經過學者研究，已不容置疑[1]。

禹受舜的禪讓，即天子位，都於安邑（山西安邑）[2]，國號夏。夏的建立，與禹的功業實有密切的關係。

一、禹的功業

禹是上古時代的一位偉大人物，其生平功業，以下列二事最爲著名：

1 目前學者大多以河南省偃師縣的「二里頭文化」作為「夏文化」，因為它的年代和分布地區，與文獻記載的夏代相符合。

2 禹都的另一傳說在陽城，考古學家認為其地在今河南省登封縣告城鎮。

㈠平治洪水

堯時洪水氾濫，人民不能安居，堯用鯀治水，鯀以築堤防堵的方法，結果九年無成。舜即位後，改命禹治水，禹測量地形高下，疏通水勢，把氾濫的洪水都導入海，水患才告消除。禹之治水，備極辛勞，公而忘私，治水十三年[3]，曾三過家門而不入。水患平定之後，禹又大興農田水利，教民種植，人民始得以定居。

㈡征服三苗

三苗是遠古時代南方的一大部族，主要分布在洞庭、鄱陽兩湖之間，與中原華夏民族衝突甚久。堯舜時代，三苗在江淮一帶爲亂甚烈，舜往征伐，未能成功[4]，至禹始將其完全征服。自是江淮一帶綏定，三苗不再北侵，並逐漸與華夏民族融合。

3 一說禹治水八年。
4 相傳舜是因征伐三苗而死。

二、夏朝的建立

洪水與三苗，是長久以來遭到的天災與外患，禹解決了這兩大問題，實屬空前的功業。他的聲望增高，權力也隨之加大。禹以前的堯舜，不過是天下的共主，禹即位後，曾一再會合諸侯，顯然具備了天子的權威。

禹在位時，本要依照堯、舜的傳統，禪讓於益；但禹死後，諸侯及人民因禹子啓很賢能，而禹又有德澤於民，因此擁戴啓而不擁戴益，於是啓即天子位，從此禪讓政治結束，君位成爲世襲。

三、夏朝大事

夏朝自禹以後，共傳十四世十七王，四百三十二年，其疆域的範圍大致在河南西部伊水、洛水流域，及山西南部一帶。夏的主要大事有二：

㈠啟伐有扈氏

啓即天子位後，有扈氏不服，啓加以討伐，大戰於甘（陝西鄠縣附近），滅有扈氏，天下皆服。啓的地位，更爲確定。

㈡少康中興

啓死，子太康繼位，迷於畋獵，不問政事，爲東方有窮氏之君后羿所驅逐。太康及弟仲康，避居河南。太康死，弟仲康立；仲康死，子相立，爲后羿所迫，徙居帝丘（河北濮陽附近）。而后羿取代夏的政權以後，也是只顧個人的享樂，不管人民的生活，結果爲其部下寒浞所弒。寒浞又謀害輾轉逃亡的相。相妻有緡氏，逃歸有仍國（山東金鄉），生少康。少康長大之後，爲逃避寒浞的迫害，出奔有虞（河南虞城）。有虞氏妻之以女，給以土地。少康有田一成（方十里），有衆一旅（五百人），並糾合夏的餘衆，終於攻滅寒浞，中興夏朝，前後經過數十年，歷盡艱苦。這是我國古代著名的中興故事。

少康以後，夏朝政權趨於穩固。但八傳至孔甲，性情淫亂，迷信鬼神，夏朝漸衰。十一傳至履癸，世稱爲桀，暴虐無道，爲商湯所滅，夏亡。

【研究與討論】

一、禹有哪些偉大的功業？
二、夏朝建立的經過如何？
三、研討少康如何中興夏朝，並說出這個故事給我們的啓示。

第二節　商的興亡

一、商的先世

相傳商的始祖名契，爲帝嚳之子，舜時因幫助禹治水有功，封於商（河南商邱）。

從契以後，共傳十四世十四王而至湯，居於亳（安徽亳縣）[5]。

在商湯建國以前，商已有悠久的歷史與文化，他們曾經八次遷都，其活動範圍大致以今河南、山東、河北爲主。當時夏朝強盛，商爲夏的臣屬。

二、商湯建國

夏朝末年，桀暴虐無道，人民怨恨。湯得伊尹的輔佐，人民歸心，逐漸成爲東方諸侯的盟主，於是首先起而征服鄰近的葛國（河南寧陵），繼而翦滅桀的重要諸侯，然後進而伐桀，夏師敗績。湯於是放逐夏桀於南巢（安徽巢縣），即天子位。後世認爲湯的征討，是弔民伐罪，順天應人，謂之革命。

三、商的盛衰

商朝從湯建國到帝辛覆亡，共傳十七世三十王，六百四十一年（西元前一七五一—

5 關於亳都的地理位置，各家看法不一致。董作賓主張在安徽亳縣，王國維則主張在山東曹縣。近年來，考古學家更有主張在河南鄭州及河南偃師等不同的意見。

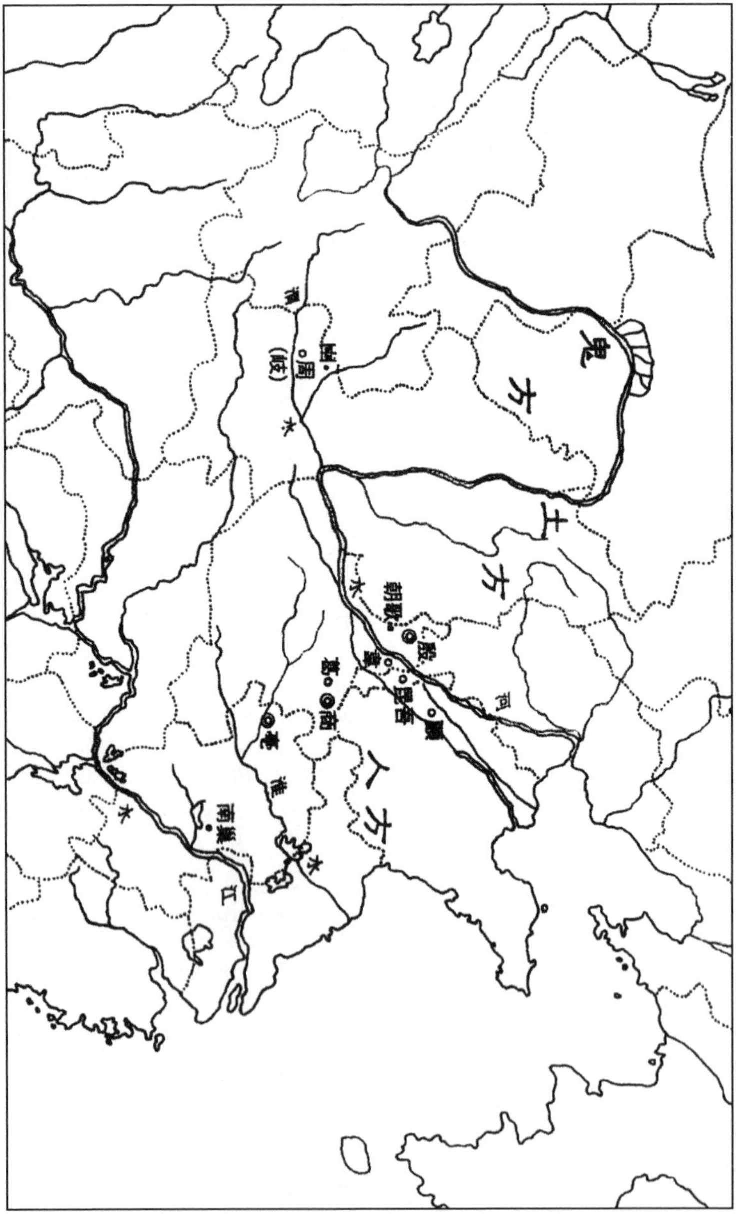

商代圖

一一一一年），可分前後兩個時期：從商湯到盤庚爲前期，盤庚到帝辛爲後期6。

湯崩，伊尹立湯之嫡長孫太甲嗣位。太甲即位後，不遵湯法，被伊尹放逐，伊尹攝政當國。後來太甲悔過向善，伊尹乃迎回太甲，歸還政權。太甲爲商朝初期的賢君，諸侯對之都有向心力，百姓過著安寧的生活，爲商的盛世。太甲以後，太戊、祖乙都是英主，在位期間國勢興盛。

商代自湯至盤庚，共遷都五次。盤庚於西元前一三八四年自奄遷都於殷（河南安陽小屯村），從此以後即不再遷徙，所以商亦稱殷。此後政治穩定，百姓安寧。由於安定與繁榮，文化的進步較前期更爲迅速。近代發現的殷商甲骨文字和其他商代文物，主要爲此一時期所遺留。

武丁即殷高宗，用傅說（音悅）爲相，國內大治。在位期間，曾征伐西北的鬼方，三年克之，武功極盛。武丁以後，二傳至祖甲，從事改革，引起紛爭，使商朝步上衰運。再六傳至於帝辛，爲周所亡。

帝辛即紂王，是一位天資優異但卻剛愎自負的國君。他生活奢侈，荒淫縱慾，不肯

6《史記．殷本紀》中所載各王的名字，大多已得到甲骨文的印證。

接納諫言，殺害比干等忠臣，殷民離心離德。紂又征伐人方（東夷），巡視江、淮、齊、魯各地。雖然對東夷的戰爭，獲得了勝利，但終因消耗的國力太多，結果給予西方新興的周人可乘之機。商紂與夏桀被認爲是國史上典型的暴君。

四、殷商的疆域

殷商的疆域，只能知道一個大概的輪廓。大約以「天邑商」或「中商」（河南商邱）爲中心地帶，北至山西、河北一部分，南至長江，東至山東濱海之地，西至陝西一帶。殷人稱其四方爲東土、西土、南土、北土，四土之外尚有方國。殷墟出土的遺物和動物遺骸，如玉、占卜用的大龜、用作貨幣的貝及鯨魚骨等，都不是中原所出產，可見商人交通的範圍頗爲廣遠。

【研究與討論】

一、商朝共若干年？何以又稱作殷？

二、桀紂為何被認為是國史上的暴君？古語說：「得民者昌，失民者亡。」從夏、商兩代的歷史能否得到驗證？

三、研討下列諸人的重要事蹟：

(1)伊尹

(2)盤庚

(3)武丁

(4)帝辛

第三節　商代的制度與文化

一、商代的制度

商代，王是王朝的權力中心，也是四方諸侯的共主。

王位的繼承，前期以「兄終弟及」爲原則：先傳嫡長子，再依次傳嫡長子之弟，兄弟盡，方傳子，但多爲弟之子；後期以「父死子繼」爲多，在最後的九代商王之中，有七代傳子，可見殷商後期，傳子之局逐漸形成。

商代已有了初步的封建，諸侯已有侯、伯、子、男的等級及名稱。諸侯對於王室的義務，是奉命出兵征伐、守邊、納貢，以及服役等。

二、文字

商代的文字，除了少數銅器上的文字外，主要是甲骨文。甲是龜甲，骨是獸骨。殷人迷信鬼神，遇事須先占卜。其方法是將處理後的龜甲或獸骨，施以鑽鑿，使之將透未透，然後以火烘灼，龜甲上即會依鑽鑿的中心點出現裂紋，謂之「兆」。把觀「兆」所判定的吉凶，以及以後應驗的結果，刻於卜兆之旁，即是甲骨文，亦稱「卜辭」或「貞卜文字」；但也有少數甲骨文是記事的[7]。

甲骨文字以刀契刻者爲多，但也有用硃墨和毛筆書寫的；可見我國的毛筆，早在殷商時代即已發明[8]。

7甲骨文以象形為多，次為會意、指事、假借、轉注、形聲，已經具備「六書」。

8舊說毛筆是秦代蒙恬發明的。

三、祭祀與曆法

商人以迷信鬼神著稱。他們以上帝爲宇宙的主宰，能夠賜福或降禍，山川風雨等亦有神祇，均加以祭祀；而對於祖先的祭祀，尤爲重視。殷人認爲祖先雖死，神靈仍在四周，有意志和感情，與活時無異。祖宗可影響上帝賜福或降禍，因此有所祈求，必須經祖宗轉達，祭祀特別隆重。這種崇敬祖先的習俗，成爲中國文化的重要傳統。

殷商的曆法已相當進步，以三百六十五又四分之一日爲一年，稱爲一祀。每年分十二個月，大月三十天，小月二十九天，餘日置閏，十九年中有七個閏月，一年分爲春、夏、秋、冬四季。

四、食衣住行概況

商代農業已很發達，食物以農產品爲主，畜牧爲副，畋獵已屬遊樂性質或藉以作軍事訓練。主要農作物有黍、麥、稷、稻等，耕作亦以倚靠人力爲主。農具有耒耜與石鐮等。殷人飲酒的風氣很盛，喜以黑黍釀酒，反映了農業的發達。

殷人紡織技術已很高明，有平織及斜紋等織法，質料多爲絲或麻。男子服裝交領、右衽、短衣、短裙、束帶，穿翹尖鞋；婦女戴高冠，髮中插笄，裙帶間佩帶玉飾。

殷人居住的房屋，一般民衆住的只是半穴居，王室則有建築在地上的宗廟和宮室。宗廟是供奉祖宗的處所；宮室則爲王所住的殿堂，規模頗爲宏大，以石或銅做基礎，礎上置木柱，牆爲版築，屋頂則以茅草或木板構成，有長方形，也有方形。

商代交通以舟、車爲主。舟大約是兩木相拼的木筏，用以涉渡。車的設計已十分複雜而精美，並可以馬駕駛，車馬皆有豐富的飾物。

五、工藝

商代工藝，以鑄銅的技術最爲高明。銅器已進入銅錫合金的青銅階段，器物有禮器（祭祀用）、食器、飲器、樂器、兵器，以及車馬飾物等，種類繁多。其紋飾及圖案尤爲精美，是我國古代文化的偉大成就之一。

銅器而外，尚有陶器，以灰陶、白陶爲主，製作細膩，刻有紋飾，間或塗釉。此外亦有以玉、石、牙、骨、貝類雕琢鑲嵌的器具或飾物，精美靈巧，維妙維肖，顯示商代工藝技術水準極高。

六、商業

殷商的交易，貨幣的使用已很普遍，貨幣主要為海貝，間亦使用小塊的玉環。殷墟出土遺物及動物遺骸，有許多為中原所不產，以殷人交通能力之強，推測其交易範圍必然很廣。

【研究與討論】

一、研討商代的王位繼承法如何演變。

二、甲骨文何以又稱卜辭或貞卜文字？

三、研討商人重視祖先情況及其對我國文化傳統的影響。

四、你曾參觀過國立故宮博物院或歷史博物館文物展覽嗎？殷商青銅工藝的製作技術如何？

第四節　西周的盛衰

一、周人的興起

相傳周的始祖為棄，姓姬，擅長農事，曾作舜的后稷，因功封於邰（陝西武功）；傳至公劉時，定居於涇水上游之豳（音彬）（陝西邠縣），從事農耕，逐漸興起。九傳至古公亶父（音膽甫），即太王，因受戎、狄的侵迫，乃率領部眾自豳遷往渭水流域岐山下的周原（陝西岐山），營建城郭宮室，設官治民。周人從古公亶父以後，歷史比較清楚。

二、殷周的關係

太王傳子季歷，為殷商的諸侯。季歷之子昌，即文王，又稱西伯，意為西方諸侯之長。季歷與昌除了是殷商的諸侯外，與殷商也有婚姻的關係。

此外，殷、周所用文字同源，習俗相同，銅器、兵器的形制也大多相同，可見殷周在文化上的關係十分密切。

三、周的東進與滅商

周文王在位期間，敬老慈幼，勤儉愛民，殷的賢士多投奔於周，勢力日大。他以周原為基地，沿渭水流域向東發展，滅掉殷的諸侯黎（山西黎城）、崇（河南嵩縣）等大國，勢力範圍大為擴張，於是自岐遷都豐邑（陝西鄠縣），這時的周文王史稱其「三分天下有其二」。

文王卒，子武王發於繼位之第十一年（西元前一一一一年）親自率兵伐紂，會合反紂諸侯，從盟津（河南孟縣南）渡過黃河，與紂王大軍戰於牧野（河南淇縣南）[9]。殷軍陣前倒戈，紂王大敗，逃回行都朝歌（河南淇縣附近），自焚而死，殷亡。

武王即天子位，徙都於鎬（陝西長安縣西南），封紂子武庚於殷的舊都，以安撫殷的遺民；又封武王弟管叔、蔡叔、霍叔，加以監視，號為「三監」。終武王之世，周人的勢力，並未越過今鄭州以東的地區。

9史載牧野之戰，殷軍有七十萬人，「七十」是形容其多，不是具體的數目。

四、周公東征

武王克殷後七年崩，子成王繼位，年幼，由武王弟周公旦攝政。管叔、蔡叔不滿，散布流言，說周公將不利於孺子（成王），聯合武庚叛周。東方的殷人及徐夷、淮夷等，都起而響應，周室情勢危急。周公東征，經三年苦戰，亂事才告平定。殺武庚，誅管叔，放蔡叔，平服奄國和徐夷、淮夷等五十餘國，周人的勢力遂擴展到黃河下游和淮水流域。

周公東征後，營建雒邑（河南洛陽）爲東都，亦稱成周；而以鎬京爲西都，亦稱宗周。將殷的「頑民」遷於東都，以便就近監視。又大行封建[10]，遷散殷民，周朝王業的基礎乃告穩固。

五、周室中衰

成王初年，由周公攝政。他封建諸侯，制禮作樂，爲周室王業奠定穩固的基礎，造

10 參見本章第五節。

成西周初年的盛世，史稱「成康之治」。

西周自昭王、穆王以後，逐漸衰弱，傳至厲王，專橫貪暴，實行聚斂，國人怨恨，為諸侯和人民所驅逐，逃奔於彘（山西霍縣）。由於王位虛懸，由大臣周定公、召穆公共掌朝政，號曰「共和」，時為西元前八四一年，這是我國歷史有正確紀年之始。

六、宣王中興

共和十四年，厲王卒於彘。宣王繼位，對內奉行文、武、成、康的遺規，使諸侯恢復對王室的尊敬，對外則大舉征伐。

西周的四周，散布著蠻、夷、戎、狄，時為周的邊患。昭王曾南征荊蠻，穆王曾西征犬戎。宣王曾先後對淮夷、徐夷、荊蠻、玁狁等用兵，獲得了很大的勝利，史稱「宣王中興」。

七、西周的覆亡

宣王傳子幽王，寵愛褒姒，生子伯服，乃廢申后及太子宜臼，改立褒姒為后、伯服為太子，這是一次違反宗法原則的奪嫡政爭。申后之父申侯大怒，遂與犬戎連兵攻陷鎬

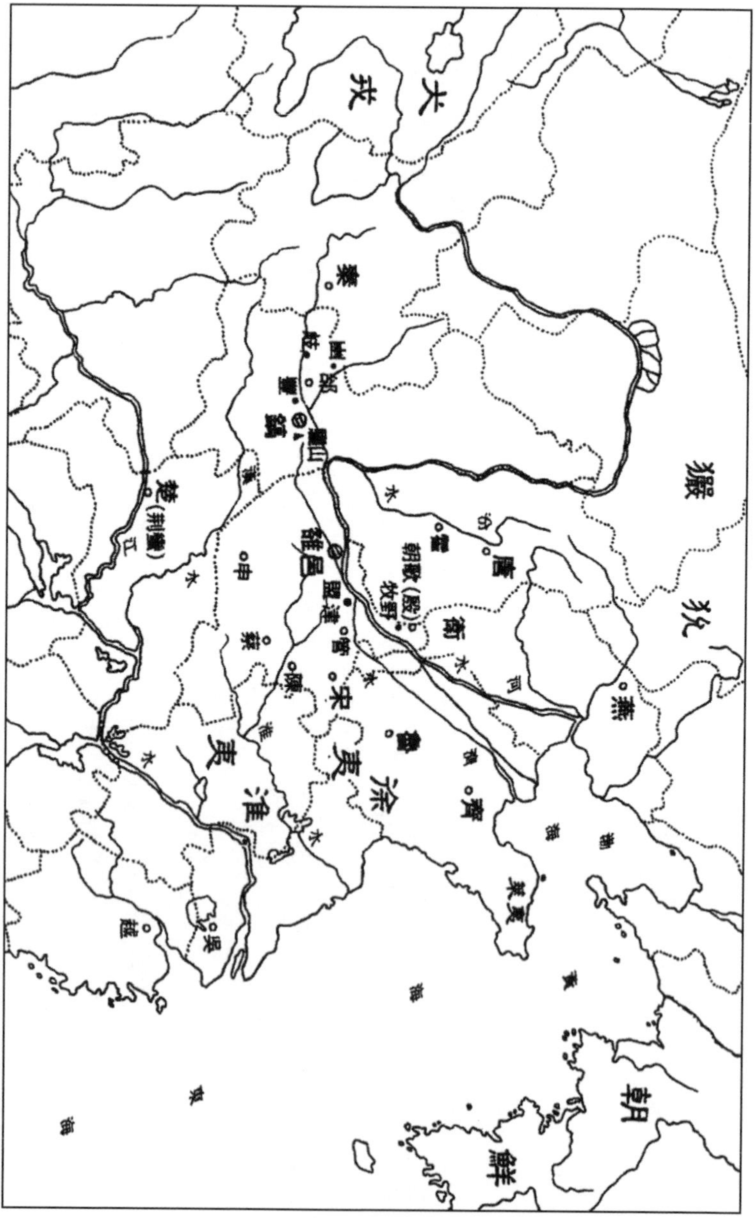

西周形勢圖

京，幽王被殺於驪山（陝西臨潼東南），西周遂亡。計自武王開國，至幽王之亡，共計傳十一世十二王，三百四十一年（西元前一一二二—七七一年）。

【研究與討論】

一、殷、周的關係如何？
二、何謂牧野之戰？有何意義？
三、周公東征的意義如何？
四、研討西周覆亡的原因，並將之與夏、商兩代做一比較。

第五節　西周的制度與文化

一、周初的封建

周人崛起西方，至武王克商、周公東征之後，爲了控制新征服的廣大地區，於是封建諸侯，作爲王室的屏藩。

西周第一次封建，始於武王。武王克殷，分封「三監」，並封古聖先王後裔，如舜之後封於陳（河南淮陽）、禹之後封於杞（河南杞縣）；又封功臣，如姜尚於齊（河南南陽西）；宗室，如周公旦於魯（河南魯山）、召公奭（音士）於燕（河南郾縣）。周公東征以後，勢力達於黃河下游，於是重定封國：徙魯於曲阜，治奄舊地；徙齊於魯之北，都臨淄（山東臨淄）；徙燕於齊之北，都薊丘（北平附近）；並大行封建。

綜計封建的對象主要有：一是姬姓宗室之國，如管、蔡、魯、燕幾全是新建之國；二是姻親功臣之國，如姜姓之國[11]，齊、申、呂、許等是；三是先聖後裔之國，如陳、杞等大多是原有的舊邦或部落，經周王室加封，承認其舊有勢力；四是殷人後裔之國，如微子啓封於宋。以上的分封，實以姬姓宗室之國占絕大多數[12]。以地區論，則以今河南省與山東省最多。

11 齊為姜尚的封國，姬、姜二姓互為婚姻由來已久。

12 周初的姬姓諸侯，重要者有：魯，今山東曲阜；蔡，今河南上蔡；曹，今山東定陶；滕，今山東滕縣；燕，今河北大興；衛，今河南淇縣；鄭，今陝西華縣，後東遷於河南新鄭；虢，今陝西寶雞；晉（唐），今山西晉源；邢，今河北邢台；息，今河南息縣；吳，今江蘇無錫。

二、封建制度

西周封建諸侯，爵位分爲五等，即：公、侯、伯、子、男。封土的大小和置軍的多少，依爵位等級而定。天子直轄地區爲王畿，遠較諸侯爲大。軍隊的建置是：天子六軍，諸侯大國（公、侯）三軍，次國（伯）二軍，小國（子、男）一軍。天子土地較諸侯之國爲大，軍隊較諸侯之國爲多，又掌握高級官吏的任命權，故可監視諸侯。王室與諸侯關係的維持，規定天子巡行視察諸侯之國，叫做「巡狩」；諸侯定期至王室親向天子述職，叫做「朝覲」，並有向王室納貢、派兵爲王室征伐等義務。

諸侯在自己國內，亦可將土地分封給卿大夫，叫做「采邑」；卿大夫也有向諸侯納貢的義務。

三、宗法制度

所謂「宗法」，就是宗族組織法，其主要特徵爲嫡長子繼承制和大宗、小宗的區別。根據宗法制度，子有嫡庶之分，元配所生之子爲嫡，其餘爲庶。嫡子之中，只有長子才有繼承的資格。嫡長子如早死，則立嫡次子，無嫡子則立庶長子。每世天子的嫡長子，繼位為天子，是為「大宗」，其餘諸子，分封為諸侯；諸侯以嫡長子繼位為諸侯，在本國為大宗，對天子則為小宗；其餘諸子分封為卿大夫，其爵位亦由嫡長子繼承，在本族為大宗，對諸侯則為小宗。如此層層推廣，枝幹分明。封建制度與宗法制度有密切關係，例如在政治上是天子與諸侯的政治關係；在宗法上，天子與諸侯之間，則是一種嫡長子與其餘諸子之間的血緣關係。

四、西周的社會

在封建制度下，西周社會可分為貴族、平民與奴隸。貴族包括天子、諸侯、卿大夫、士。除天子、諸侯外，卿大夫亦有封邑，世守其官，成為擁有土地權與統治權的世襲貴族。次於卿大夫的是士。他們是受過文武合一教育的男子，打仗為其主要任務。士沒有封邑，有食田或俸祿，食田不能世襲。再次為平民，即所謂「庶人」，包括農工商人，以農民占最大部分。農民所耕土地為貴族所有，對貴族有供奉粟米、布縷及力役的義務。農工商的職業是世襲的，父子相承，但都歸貴族管理。奴隸大多是戰爭所得的俘虜及罪犯，以家為單位，其身分也是世代不變的。奴隸的工作主要是從事生產，其次是為貴族執役。

西周封建社會，雖有階級身分的不同，但自天子以至於庶人，都須受「禮」的約束。舉凡祭祀朝聘社交、婚喪嫁娶、飲食起居，都因著身分的不同而有不同的規定，不得逾越。禮的舉行，須配合音樂。禮樂不僅建立了西周封建社會的秩序，也調和了尊卑貴賤的關係，及融合的氣氛。

五、西周的經濟

西周的經濟，以農業爲主，實行所謂「井田制度」[13]：將土地劃爲九個單位，每單位百畝，成爲「井」字形，中間爲公田，四周爲私田，全爲貴族所有。私田由農民自種，收穫屬自己；公田由八家共同義務耕種，收穫全歸公家。農民生活關係密切，彼此容易發揮守望相助的精神。

周人原是擅長農業的民族，農業較商代更爲進步。《詩經》裡形容農夫收穫時，農作物堆積如山，裝滿了穀倉，可以想見當時農業發達的情形。

西周商業亦較前發達，獲利頗豐，但主要是由貴族自己經營，有些商人是殷商的遺

13 西周有無實行「井田制度」，近代學者頗多爭議，但反對的理由還不足以完全否定它。

民。交易使用的貨幣，除了沿襲商人使用過的「貝」以外，亦使用銅製的「鍰」；但仍有以物易物的現象。

【研究與討論】

一、周初封建大行於何時？分封的對象為何？
二、研討宗法制度與封建制度的關係。
三、西周封建社會有何階段？禮樂有怎樣的作用？
四、研討西周的井田制度。

第三章 春秋戰國的遽變

第一節　周室東遷後的大勢

一、平王東遷

周幽王被殺後，諸侯擁立太子宜臼即位，是爲平王。由於犬戎之禍，鎬京殘破，平王將都城東遷雒邑，史稱東周。東周自平王東遷，至赧王之亡，共傳二十五王，五一五年（西元前七七〇—二五六年）。其間又分爲春秋時代與戰國時代。春秋時代和戰國時代的劃分，並沒有一定的界限[1]。

二、王室衰微

周自平王東遷以後，王室微弱，王畿的範圍狹小。西周時代，王畿號稱千里。平王

1春秋時代因《春秋》一書而得名，《春秋》係孔子刪魯史而成；所述時間，起於魯隱公元年（周平王四十九年，西元前七二二年），止於魯哀公十四年（周敬王三十九年，西元前四八一年），共二四二年。司馬光《資治通鑑》起於周威烈王二十三年（西元前四〇三年），學者多以之作為戰國時代的起年。

東遷，將岐以西之地賜與秦國，岐東之地也相繼爲秦、晉等國所分。天子直轄之地，起初尚有數百里，後來因賞賜有功，以及晉、鄭、秦等國的侵奪，僅餘雒邑附近而已。

由於王畿狹小，人口不多，王室經濟非常窮困，在這種情形下，天子已無法維持足夠的軍隊。王室既無實力爲後盾，在諸侯心目中，自然也就無足輕重了。

王室微弱，天子的威嚴喪失，從以下事例中表現無遺：

一是周鄭交質：平王東遷，頗得鄭、晉兩國的幫助，鄭國功勞尤大。所以鄭武公、莊公相繼做平王的卿士，左右朝政。平王想延用虢（音國）公，以分其權，結果鄭莊公大爲不滿。平王不敢得罪莊公，特與鄭國交換質子，使王子狐爲質於鄭，鄭公子忽爲質於周，此事使周天子的地位大爲降低。

二是繻葛之戰：平王死後，桓王即位，以虢公爲卿士，鄭莊公憤而不朝，桓王親自伐鄭，戰於繻葛（河南長葛），王師戰敗，桓王中箭受傷。事後鄭國並未受到應有的制裁，從此周天子的威嚴已蕩然無存。而宗法制度中的「親親」精神，也趨於瓦解。

三、春秋的形勢

春秋時代，重要諸侯計有：魯、齊、晉、秦、楚、宋、衛、陳、蔡、鄭、燕、吳、越等國。在這些諸侯之中，魯爲周公旦之子伯禽的封國，與王室關係最親，但國勢不強，並無左右大局之力。鄭國的封地原在關中，犬戎之亂，東移河南新鄭附近。周室東遷，鄭與諸侯擁立平王有功，武公、莊公均爲王朝卿士，掌握朝政，頗有聲望，盛極一時，爲東周初年的強國，但爲時不久即趨沒落。

齊爲東方大國，魯、鄭不振，遂代之而起。南方的楚國，亦興起於江淮之間。晉本小國，晉文侯因擁立平王東遷，對王室有功，國土才逐漸擴大。秦於襄公時，因護送平王有功，受封岐西之地，數敗戎人，成爲西方大國。齊、楚、秦、晉都位於邊陲，具有優越的地理位置[2]，與後來興起的吳、越，都是春秋時代的強國。

就列國分布與演變的大勢來看，春秋前期黃河下游的鄭、魯、齊、衛、宋，中期黃河中游的晉、秦及長江中游的楚，末期長江下游的吳、越等國，都曾扮演過重要的角色。

2《史記》〈十二諸侯年表序〉：「晉阻三河，齊負東海，楚介江淮，秦因雍州之固，四海迭興，更為伯（霸）主。」所謂「晉阻三河」，係指晉國的地理形勢，西、南、東三面有黃河環繞。

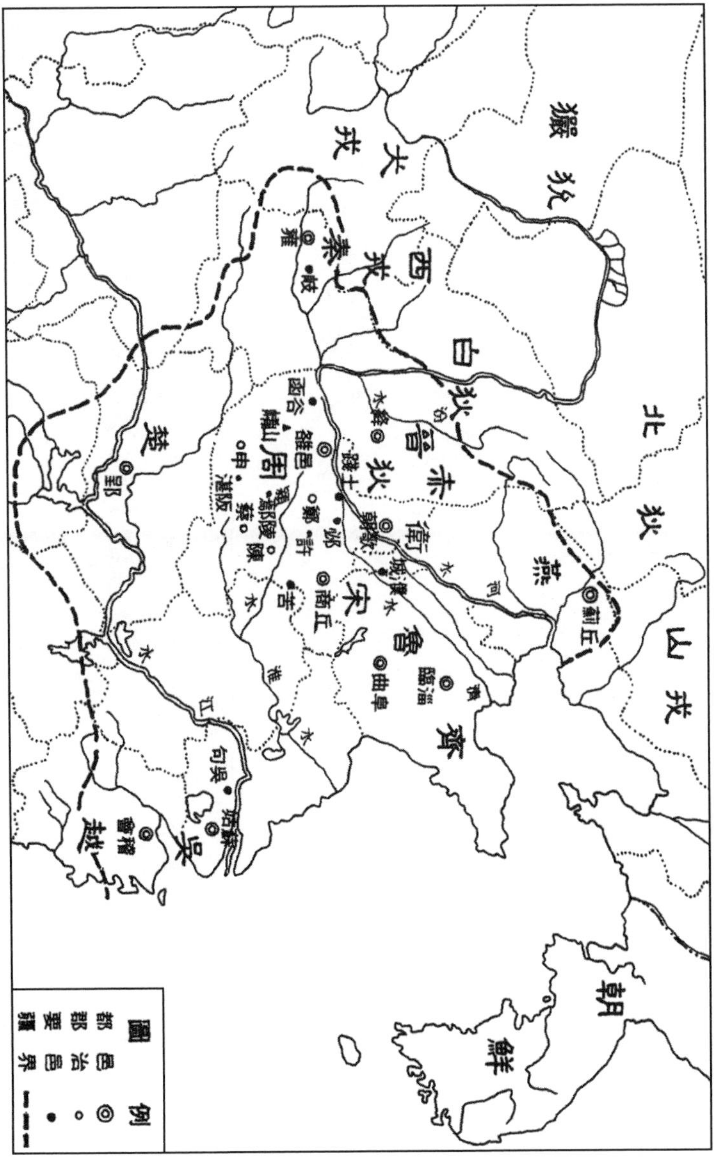
獯狁
犬戎
西戎
秦
雍
岐
白狄
赤狄
北狄
山戎
晉
絳
周
雒邑
函谷
崤山
申
楚
郢
衛
鄭
許
陳
蔡
宋
商丘
莒
魯
曲阜
齊
臨淄
燕
薊丘
句吳
姑蘇
吳
越
會稽
朝鮮
圖例

春秋形勢圖

【研究與討論】

一、研討平王東遷後，周王室衰微的原因。
二、「周鄭交質」及「繻葛之戰」二事，在春秋初年顯示的意義為何？
三、研討春秋時代齊、楚、秦、晉四地理位置的優越性。

第二節　春秋的霸政

一、霸者的興起

平王東遷後，周王室勢力既衰，天子對諸侯的約束力，日趨薄弱。強大的諸侯，常侵略兼併弱小國家，原有的封建秩序爲之動搖；同時各國也多發生內亂，臣弒其君，弟弒其兄，亂臣賊子滋起，使宗法制度遭到破壞。其次是戎狄對諸夏的侵略。所謂「諸夏」，主要是西周的封建國家，過著城邦及農業生活；戎狄則是分布在邊陲或雜居在中原諸夏之間的遊牧民族。當諸夏內訌、混亂不已之時，戎狄即乘機而起，攻占城邑，對諸夏構成嚴重威脅。

在這種情勢之下，周天子既沒有應付的能力，諸侯中乃有霸者出現，提出「尊王攘夷」的口號。「尊王」就是擁護中央政府，尊崇周天子的地位；「攘夷」就是團結諸夏，抵抗異族侵略，以維持中原各國的秩序與安定。不過，霸者的理想，後來多未能貫徹到底。

在春秋的霸者之中，哪些是「五霸」，並無定說，他們也並不是都做到了「尊王攘夷」。一般以齊桓公、晉文公、宋襄公、秦穆公、楚莊王號稱「五霸」[3]，而「五霸」之中，真正做到「尊王攘夷」的，僅齊桓公、晉文公而已。

3上述「五霸」之說，係根據東漢趙岐注《孟子》的主張。而《荀子》〈王霸篇〉則以齊桓公、晉文公、楚莊王、吳王闔閭、越王句踐為「五霸」，其他異說尚多。

二、齊桓公的稱霸

春秋時代，第一位霸者爲齊桓公。齊臨東海，富漁鹽之利。至齊桓公（西元前六八五—六四三年），舉管仲爲相，理財治民，國富兵強，以「尊王攘夷」爲號召。

春秋初期，山戎侵擾燕國；狄人攻陷衛國，邢國也岌岌可危；南方的楚國則僭號稱王，北侵鄭國。桓公出兵北伐山戎以救燕國；驅逐狄人，援邢復衛[4]；又聯合諸侯伐楚，迫使楚人請和，訂盟於召陵（河南郾城）。周襄王元年（西元前六五一年），又大會中原諸侯於葵丘（河南考城），相約共尊王室。桓公的霸業，得力於管仲的輔佐；當時如無桓公之霸，諸夏或將淪爲戎、狄統治，此實關係著中原文化的存亡；所以孔子說：「微管仲，吾其被髮左衽矣。」

管仲、桓公相繼死後，齊國霸業隨之結束，宋襄公圖繼起稱霸，與楚戰於泓（河南柘城），受傷而死。

4 衛、邢為狄所滅，齊桓公遷邢於夷儀（山東聊城西南），封衛於楚丘（河南滑縣東）。

三、晉文公的霸業

繼齊桓公稱霸的爲晉文公（西元前六三六－六二八年）。文公曾遭驪姬之亂，長期流亡國外，自返國執政以後，任賢使能，對內做到「政平民阜，財用不匱」，對外繼續「尊王攘夷」的政策。時周室有王子帶之亂，狄人攻入京畿，周襄王逃奔鄭國。文公起兵平亂，殺王子帶，迎接襄王返國，完成「尊王」；南方楚國的勢力，這時也進入中原，文公爲解宋國之圍，與楚軍戰於城濮（山東濮縣南），大破楚軍。戰後大會中原諸侯於踐土（河南廣武），完成霸業。

四、晉楚對抗

文公卒，子襄公立，秦穆公趁晉文公之喪，興師伐鄭，進窺中原，被晉師擊敗於崤（河南洛寧），此後秦東進之路爲晉所阻，只好轉而西圖，稱霸西戎。

城濮戰後，楚國北上之勢大挫，但與晉國仍成南北對抗之勢。至楚莊王時，奮發有爲，國勢大振，進兵中原，耀武揚威，並遣使問鼎周室，意欲取代周天子爲天下共主。楚又圍攻鄭國，晉軍救鄭，楚敗晉軍於邲（河南鄭縣東），楚莊王由是取得霸主的地位（西元前五九七年）。但此後晉的國威復振，曾再敗楚師於鄢陵（河南鄢陵），恢復霸業。

五、弭兵之盟

「弭兵之盟」是春秋中期宋人所提倡的國際和平運動。由於晉、楚長期對抗，兵連禍結，介於兩強之間的小國飽經戰禍，尤其鄭、宋兩國，常為爭奪目標，受害最烈。周簡王七年（西元前五七九年），宋大夫華元首倡和平運動，謀求晉、楚和好，訂盟互不侵犯。惜為時三年，楚即背約。三十餘年後（西元前五四六年），宋大夫向戌，復倡弭兵之盟，使晉、楚與其從國以及齊、秦等代表，齊集於宋，議訂打破勢力範圍，晉、楚的從國可以「交相見」。此後四十年間，晉、楚未再交兵，各國得以維持暫時的和平。

六、吳越的爭霸

春秋末期，僻處東南的吳、越兩國相繼興起。在晉、楚對抗期間，楚人巫臣因罪出亡晉國，獻聯吳制楚之策。晉使巫臣使吳，授以射御車戰之術，攻掠楚的邊境。另一楚人伍員，因與楚平王有殺父之仇，投奔吳國，及吳王闔閭即位，伍員教吳分兵對楚侵擾，楚國大困。周敬王十四年（西元前五〇六年），闔閭大舉伐楚，攻陷郢都（湖北江陵），幸秦兵援助，楚才免於亡國。

越國相當於今浙江省境，相傳為夏少康之後。越人曾乘虛襲吳，闔閭遂伐越，被越王句踐所敗，闔閭受傷身死。子夫差即位，立志復仇，擊敗越軍，句踐被迫乞和。夫差復北伐齊、魯，大會諸侯於黃池（河南封丘）。句踐則與其臣范蠡、文種等力圖復興，經長期生聚教訓，國力充實，趁夫差北上，起兵襲吳，夫差兵敗自殺，吳終為越所滅（西元前四七三年）。

句踐滅吳之後，北上爭霸，會齊、晉於徐州（山東滕縣），周天子正式命為霸主，號令諸侯。但句踐死後，越國勢衰，終於為楚所滅，春秋霸局至此告終。

春秋末期，吳、越的興起，顯示長江下游已經開發，地位漸形重要。而句踐復國的故事，在國史上尤富於歷史教訓的意義。

【研究與討論】

一、春秋時代霸者興起的背景如何？

二、何謂「尊王攘夷」？齊桓公有哪些攘夷的行動？

三、研討晉文公如何完成霸業。
四、何謂「問鼎中原」？何謂「弭兵之盟」？
五、研討越王句踐復國的史實，並說明具有怎樣的意義。

第三節　戰國的兼併

一、戰國七雄的崛起

春秋時代的重要諸侯，至戰國時代發生了變化。稱霸最久的晉國，政權旁落六卿；六卿爲趙、韓、魏、范、知、中行。起初，趙、韓、魏與知氏共滅范氏、中行氏，後來趙、韓、魏再聯合共滅知氏而分其地，至此，晉國土地盡爲三家所有。周威烈王二十三年（西元前四〇三年）正式命韓、魏、趙爲諸侯，是爲「三晉」。齊國的政權則爲大夫田和所篡[5]，周天子也正式命爲諸侯，史稱「田齊」。趙、韓、魏、齊都是新興的國

5 田和為陳公子完之後，見《史記》〈田敬仲完世家〉。據《史記》〈六國年表〉，周安王二十三年（齊康公二十六年，西元前三七九年），齊康公卒，田氏遂併齊而有之，太公望之祀絕。

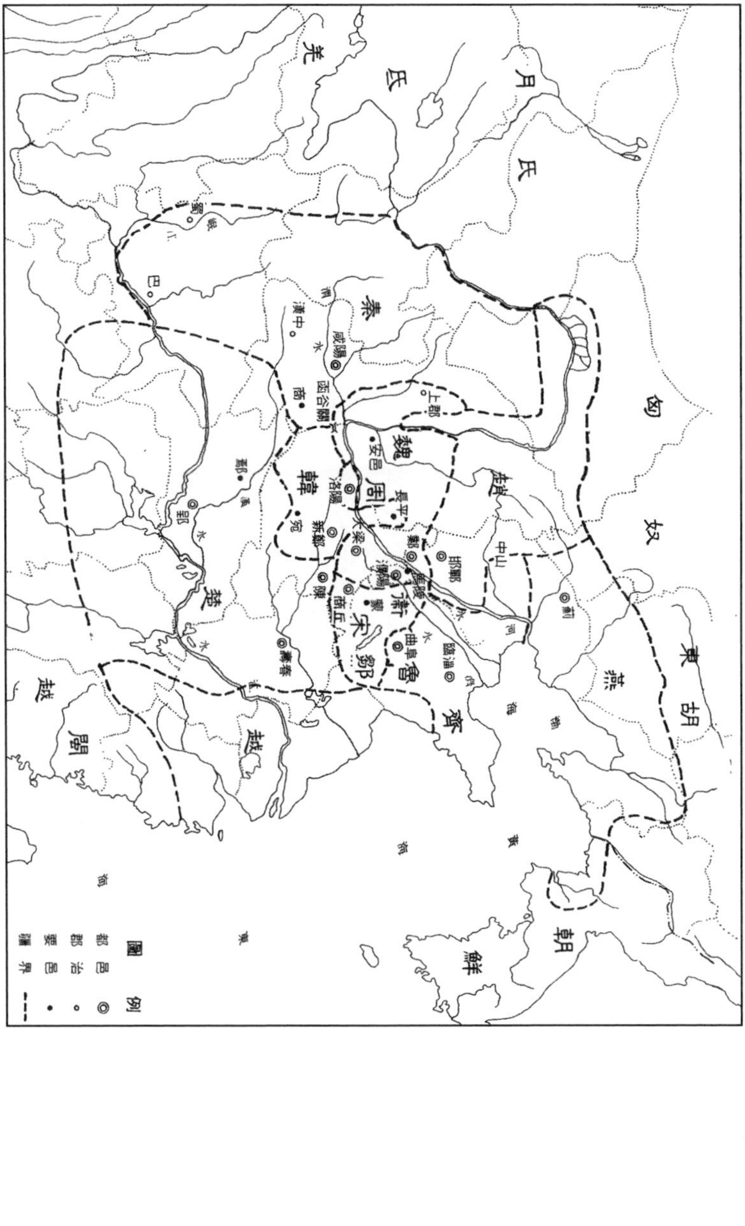

戰國初期形勢圖（西元前五世紀初）

家。這時，春秋時代的舊國，如秦、楚等，相繼革新，燕國則崛起北方，也都是新興國家的面貌。趙、韓、魏、齊、秦、楚、燕，號稱「戰國七雄」。其他春秋時代的小國僅能苟延殘喘於一時，終被強國併滅。

戰國七雄與春秋時代的國家有所不同，春秋時代的國君，大體都以諸侯自居，屬於封建國家的性質；七雄則僭號稱王，各自有其中央政府和行政體系，各自爲獨立的國家，但也多在圖謀取代「天子」之位。周室則實際上淪爲一個無足輕重的小國，周天子連名義上的共主地位也不可得了。

春秋時代的國際秩序，依賴著霸主維持，但自晉國分裂、田氏篡齊，使原有的封建秩序失去了強有力的支持。各國爲了本身的生存，唯有以富國強兵爲務，紛紛走上了軍國主義之路。戰爭頻繁，規模龐大而慘烈；步卒騎兵取代了車戰；武器進步，軍事成爲專門之學，著名之軍事家隨之出現。國際之間，盟約已無約束力，彼此全無信義可言。

二、各國變法圖強

戰國時代，各國無不銳意改革，以求富國強兵。魏於三家分晉時，所得土地最多，魏文侯在位時（西元前四二四—三八七年），尊禮卜子夏、段干木、田子方；任用李克

（悝）訂立法典，掌理農政，提倡盡地力，實行平糴（音笛）法。西門豹治鄴，引漳水灌溉，國內大治。又以吳起爲將，擊敗秦兵，一時富強，爲各國之冠。至魏惠王，有統一「三晉」的野心，但「馬陵之戰」爲齊所敗（西元前三四一年），國勢遂衰[6]。

齊於威王之時（西元前三七八—三三三年），整飭內政，任用賢能，鼓勵臣下進諫，國家富強。「馬陵之戰」，齊以孫臏爲軍師，採「減灶誘敵」之計，大敗魏軍，稱霸於東方。韓國位處四戰之地，國小民貧，但在昭侯時（西元前三五一—三三七年），以申不害爲相，內修政教，外應諸侯，因而國治兵強。趙爲邊地國家，至趙武靈王時（西元前三二五—二九五年），提倡尚武精神，下令國人胡服騎射，北略胡地，大拓疆土，繼滅中山國（河北定縣）。燕國在七國中僻處東北，早期與中原各國殊少征戰。燕王噲時曾爲齊軍所破。至燕昭王，發憤圖強，禮聘賢才，以樂毅爲將，聯合各國伐齊，又拓地遼東，蔚爲強國。

楚在悼王之世（西元前四〇一—三八一年），用自魏來歸的吳起爲令尹，整肅內政，申明法令，削弱貴族，撫養戰士，自是王室集權，大行軍國主義，國勢強盛。

---

6 魏惠王即梁惠王，馬陵之敗，太子申及名將龐涓皆死，秦人乘機奪其河西之地。

三、秦的變法與富強

在戰國七雄之中，以秦國商鞅的變法最爲徹底而成功。商鞅本衛國公子，遊仕於魏，未被重用。適逢秦孝公（西元前三六一—三三八年）求賢，乃西入秦，向孝公提出富強之術，主張打破傳統，推行新政。孝公大悅，於是「徙木示信」，頒變法之令。新政要旨如下：

一、組織保甲，行連坐法：令民「五家爲保，十家相連」，實行連坐法。規定一家有罪，其他各家如不舉發，一同獲罪，使民衆的組織更爲嚴密。

二、提倡軍功，禁止私鬥：規定爵位二十級，有軍功者，依等級受爵。好私鬥的人，以情節輕重受刑。宗室沒有軍功，也不予爵位。私有的田宅、服飾、奴隸等，都按照爵位等級訂定使用標準，無軍功者，雖富不得享用。又定「首功」之制，視斬得敵人的首級數目，定爵位高下。

三、鼓勵耕織，獎勵生產：凡努力耕織，生產粟帛多者，免除徭役；營事末利（工、商）及怠而貧者，收爲公家奴隸。又規定凡一家有兩男以上不分居者，加倍納稅。

四、廢封建，開阡陌：剷除舊日封疆界限，鼓勵人民開墾荒地，政府計田收稅。
五、改定地方行政制度：歸併全國鄉邑為四十一縣[7]，各置令、丞，集權中央。

此外，又劃一度量衡，改革戎狄習俗，遷都於咸陽。商鞅的變法，使秦國在政治上、經濟上與社會上得到全面革新，因而家給人足，朝氣蓬勃，人民勇於公職，怯於私鬥，國勢蒸蒸日上。

四、合縱與連橫

秦國變法富強後，積極東侵，伐魏侵韓，東方六國深受秦的威脅。於是有蘇秦等人提倡東方六國聯合抗秦，號為「合縱」。但六國彼此利害不同，秦人復加以挑撥，合縱僅能偶爾出現，隨即瓦解。

繼合縱而起的，是張儀所倡的「連橫」之策，也就是遊說六國分別與秦連合。如此不但六國不能團結一致，且可造成彼此的內訌。秦惠王時，張儀離間齊、楚，以割地為條件，勸楚懷王與齊絕交。楚與齊絕交之後，秦卻不履行諾言，懷王怒而伐秦，為秦所

7此據《史記・秦本紀》。《史記》〈商君列傳〉作三十一縣，而〈六國年表〉則作三十縣。

敗，喪失漢中之地。張儀又乘機說服韓、齊、趙、燕等國，使連橫獲得極大的成功。

東方六國之不能合作，隨處可見，如秦楚之戰，齊不相救，魏反出兵攻楚。燕、齊的火併，更是兩敗俱傷[8]。

五、秦的積極東侵

連橫達到了破壞東方各國團結抗秦的目的，秦昭襄王（即秦昭王）時代，遂用范雎「遠交近攻」之策，積極東侵。伊闕之役，秦將白起大敗韓魏聯軍。司馬錯取楚之黔中[9]，白起攻陷楚郢都，楚人被迫遷都於陳（河南淮陽），再遷壽春（安徽壽縣）。長平之役，趙軍四十萬爲秦所破。不久，秦圍邯鄲（音韓丹），幸平原君求楚、魏之軍相救，趙始免於亡國。周赧王五十九年（西元前二五六年），秦昭襄王進兵攻周，周室遂亡。

8 周赧王元年（西元前三一四年），齊趁燕有子之亂，一舉攻取燕都，下其全國。燕昭王即位，謀報前仇，任用樂毅為將，聯合秦、楚、三晉大舉伐齊（西元前二八四年），下七十餘城，齊僅保有莒及即墨。後雖賴齊宗室田單自即墨反攻，盡復失土，但已元氣大傷，難以有所作為。

9 黔中即今湖南省西部和貴州省東部。

六、秦王政的併滅六國

秦統一天下的大業，在昭襄王時，實已奠定基礎，而完成於秦王嬴政。嬴政即位之初，實際政權操之呂不韋。秦王嬴政十年（西元前二三七年）罷免呂不韋後，才開始親政，以李斯為相。李斯建議秦王，以威脅利誘的手段，對六國君臣離間分化，一面採取軍事行動，以逐一併滅六國。計自秦王政第十七年至二十六年，六國先後為秦所滅，為時僅十年（西元前二三〇－二二一年），統一天下的大業即告完成。

秦王嬴政進行兼併戰爭時，六國遭秦離間分化，已不能合作抗秦，各國本身也無抵抗能力。燕太子丹於秦兵滅趙後，曾暗中派荊軻刺殺秦王，未能成功；楚人愛國精神較強，曾一度拒退秦兵，終亦不敵；齊為東方大國，但齊王田建[10]四十餘年不修戰備，亦不救援鄰國，秦軍來攻，竟毫無抵抗能力，坐而待亡。

[10] 齊王建為齊襄王的兒子田建。

【研究與討論】

一、研討戰國時代與春秋時代有何不同。
二、研討戰國時代，東方六國的圖強，與秦的變法有何不同。
三、商鞅變法的內容及其意義如何？
四、試就下列二事，提出個人的看法：
(1)秦能統一天下的原因為何？
(2)六國何以不能合作抗秦？

第四章
春秋戰國的社會與學術

第一節　社會與經濟的變遷

一、貴族沒落平民崛起

春秋、戰國時代，封建制度逐漸解體，貴族沒落，平民崛起，社會階層發生很大的升降。

在封建制度之下，貴族是世襲的統治者，實行世官世祿制，但貴族人數增加，世官和世祿的數額有限，使一部分貴族勢必淪爲平民，這是自然的趨勢。各國競爭激烈，國君用人惟才。由於知識普及，平民之中，不乏才智之士，國君加以擢用，遂開「布衣卿相」之局。尤其戰國之世，國君變法圖強，貴族勢盛，常阻礙新法的推動，於是國君便有計畫地裁抑貴族與宗室；例如商鞅在秦，吳起在楚，推行新政時，採中央集權，原有的貴族資格多遭廢除。此外，經濟情況發生變動，從事工商業致富的人，往往受到國君的禮遇或重用，這是平民崛起的另一原因。春秋時代子貢在曹、魯之間經商致富，所過之地，與國君分庭抗禮。戰國時代呂不韋以陽翟[1]大賈，竟做到秦的相國。

春秋時代，平民崛起，已開其端；戰國時代，寒微出身的將相更多。例如申不害以「故鄭賤臣」而相韓；蘇秦、張儀、范雎等，都曾貧困潦倒，而貴爲卿相；孫臏、樂毅、廉頗、白起、王翦等，也都是平民而成爲一國的名將。

二、養士之風盛行

養士是春秋戰國時代流行的特殊風尚，這是國君或貴公子儲備人才、培植勢力的一種方法。士的流品很雜，他們多投身王侯將相或公子之門而爲食客，戰國時代這種風氣特盛。例如魏文侯、齊宣王、燕昭王都是養士的名主；齊的孟嘗君（田文）、趙的平原君（趙勝）、魏的信陵君（魏無忌）、楚的春申君（黃歇），世稱養士四公子。此外，秦相呂不韋、燕太子丹等，也都以養士聞名。國君或貴公子待士，態度謙卑，不恥下交。他們所以如此，一則藉養士提高自己的聲譽和國家的威望；二則遇有危難，士有時確能爲其策劃效命。例如長平戰後，邯鄲危殆，爲了請求楚、魏救趙，平原君的毛遂、

1 陽翟，中國古代地名，為今日河南禹州市。

信陵君的侯嬴，都留下了動人的故事。荊軻爲燕太子丹謀刺秦王，更是傳頌千古。

三、土地私有制度形成

春秋時代，土地爲諸侯卿大夫所有，但至末期，國君已有以土地賜有功戰士、賜田及自由買賣的事。降及戰國，貴族沒落，布衣及工商勢力勃興，新的豪貴和富商巨賈，購買貴族土地，更是常事。因此，舊有土地的所有權便發生了轉移。商鞅在秦變法，不許貴族占田，按軍功授地；並廢除原有的疆界，獎勵農民開墾耕種；田皆徵稅，可以自由買賣，土地私有制度形成。秦國如此，其他各國亦然。這是社會經濟的一大變革。

四、農工商業的發達

春秋、戰國時代，經濟情況也發生了很大的變化，其中最重要的是農業的進步和工商業的發達。分述如下：

(一)農業的進步

我國農業起源甚早，有悠久的經驗。到了戰國時代，鐵製的農具已普遍使用，又已發明了牛耕，使農業生產的技術大爲進步。同時，大規模水利灌溉工程的建設也已出現，如戰國時魏國曾引漳水灌溉；秦國李冰在四川建築的都江堰、鄭國在關中建築的鄭國渠[2]，灌溉的面積，極爲廣闊。這些都是劃時代的變革，促進農業空前的進步。

(二)工商業的發達

春秋、戰國時代，工商業極爲發達，這是多種因素促成的。西周時代工商業的經營，主要操之於貴族；封建解體後，則產生了自由的工商業者。農業進步，多餘的農業人口得以從事工藝製作，使商品的種類增加。戰爭頻仍，交通發達，各地的物產及商品亟須互通有無。從事工商業可以獲利致富，不僅個人樂於追逐，國君也往往加以提倡。例如齊桓公一向注意工商，晉文公也重視通商，以增加國家的財用。

當時著名的工商業者極多，除了上述子貢、呂不韋以外，春秋時鄭國商人弦高犒師，說退襲鄭的秦兵，傳爲美談。春秋末期范蠡幫助句踐復國之後，功成身退，至陶經

2 鄭國原為韓國人，為秦築渠灌田，使關中成為沃野，秦以富強，所以命名鄭國渠。

商，遂至巨富[3]。戰國時代，產生的大企業家更多，例如秦人烏氏倮，經營絲織品；巴寡婦清，製造丹砂，都獲致巨富[4]，受到秦始皇的禮遇。煮鹽和冶鐵是春秋戰國新興的大企業。魯人猗頓在西河（晉南）煮鹽起家，邯鄲郭縱冶鐵成業，他們擁有的財富，如同王侯。

由於工商業繁榮，興起了許多大都市，如韓的宜陽、齊的臨淄、趙的邯鄲、魏的大梁、秦的咸陽，都是當時著名的大城市。

【研究與討論】

一、研討春秋戰國時代，貴族沒落、平民崛起的原因。
二、戰國養士之風何以特盛？哪些人最為著名？
三、研討戰國時代土地制度的變革。

3 陶，即今山東定陶西北。范蠡自號陶朱公。民間有尊陶朱公為財神者。
4 烏氏是地名，倮是人名；巴是地名，清是人名。

四、春秋戰國時代，農工商業發達的原因何在？

第二節　學術教育的普及

一、教育的普及

在封建制度之下，僅貴族才有受教育的資格，所以知識純爲貴族階級所專有。春秋戰國時代，封建制度逐漸解體，貴族沒落，降爲平民者甚多。尤其貴族中地位最低的士，人數較衆，他們落魄至民間，與庶民無異，便以知識、技能謀生，並傳授他人。西周的士，原屬有食田俸祿的貴族，後來社會上對於受過教育而有知識的人，通稱爲士。平其次，由於各國競爭激烈，人君求才若渴，布衣可致卿相，遂予平民以極大的鼓勵。平民中之俊秀者，莫不自求良師，奮發向學。自春秋以後，官學漸廢，私人講學之風大盛，凡知識淵博或自樹一家學說的人物，皆能廣招生徒，加以傳授。如孔子之弟子號稱三千，墨子自稱弟子禽滑釐等三百人，孟子後車數十乘，從者數百人，都是著名的例子；而弟子之中，也有從事私學傳授的，教育不僅普及，而且也逐漸專業化。從此以後，官師之學，變爲私家之學，知識不再爲少數人所壟斷，學術思想可以自由發展，教育愈爲普及。

二、學術的發達

在西周封建制度之下，王室不僅握有政權與經濟權，各種學術也都設置專官。學術中以禮最爲重要，因爲在封建政治和宗法社會的時代，上下體系，必須繩之以禮；個人的行爲，自天子以至庶人，也都要受禮的約束。最通禮的是史官，他們是學者，將一切筆之於書，世代典守，所以春秋、戰國以前，學術是一元的。

到了春秋、戰國時代，學術思想空前發達，九流十家學說並起。自周室衰微，以往世代典守文獻的史官，流散各國，官府藏書也隨之流散民間，促成了學術的普及；但由於環境不同，各有因革損益，學術就由一元趨於多元。其次，時代動盪，社會急速變遷，產生許多亟待解決的問題，學者爲了救時之弊，相繼提出解決問題的理論或方法，因而造成「百家爭鳴」的盛況。

再者，書寫工具進步和國君提倡，也是促進學術發達的重要原因。春秋戰國時代，書籍的傳寫已以竹帛爲主，知識的保存和流通更爲方便，書籍的數量也大爲增加。學者遊說四方，多載書而行[5]。

戰國時代，國君為了招攬人才，不惜禮賢下士，並提供優越的學術環境，讓學者相聚討論，著書立說。例如戰國時代，齊國在臨淄的稷下[6]設置學宮，招待學者，一時著名的學者匯集，極一時之盛，稱為「稷下先生」。荀子也曾來此遊學過。戰國中期以後，有權勢的公子或大臣，多養士為食客，他們不僅為主人策劃奔走，其中也網羅了各派的學者。《呂氏春秋》一書，就是呂不韋的門客編成的。

此外，如工商業的繁榮、交通的頻繁、思想言論的自由、教育的普及，莫不直接間接地促成了學術的發達。

【研究與討論】

一、春秋戰國時代，教育普及的原因何在？

5《莊子》〈天下篇〉稱：「惠施多方，其書五車」；《墨子》〈貴義篇〉稱：墨子南遊時，「載書甚多」。

6稷下位於齊國國都臨淄（今山東省淄博市）稷門附近。

二、研討春秋戰國時代，學術由一元趨於多元的原因。
三、戰國時代的士和西周時代的士有何不同？

第三節　孔子與儒家

一、孔子的生平

孔子（西元前五五一－四七九年），名丘，字仲尼，春秋時魯國（山東曲阜）人。也是我國歷史上一位偉大的哲人，其學說思想，不僅是中國學術思想的主流，也支配了中國人的生活行為兩千餘年，影響至為深遠。

孔子少時，家境貧寒，但從十五歲起就志於學，三十多歲的時候，即以好學知禮見重於貴族。他鑑於當時諸侯放恣，禮教沒落，社會秩序大壞，於是修詩、書、禮、樂，聚徒講學，抱有救世的大志。魯定公九年（西元前五〇一年），孔子五十一歲，始受命為中都宰，因政績優良，進而為司空、司寇。次年，魯、齊會於夾谷，孔子為魯定公相，使齊國歸還魯國侵地。這時魯國「三桓」勢大[7]，侵逼公室，孔子力主抑制。不久，以魯君及季孫氏對他無禮，乃辭職而去，周遊列國，以期另尋一展抱負的機會。他歷經衛、曹、宋、陳、蔡、楚等國，先後十四年之久，屢遭困厄，始終未受重用，最後復返魯國；又五年卒，享年七十三歲（西元前五五一—四七九年）。

孔子晚年，專心從事著述與教育，他將古代的詩、書、禮、樂、易等典籍，加以刪訂整理，又據魯史作《春秋》，此即後來合稱的「六經」。他的言行思想，主要見於《論語》，這是孔子死後，弟子追記其言行而成的一部書。

孔子最大的成就，是在教育方面。他首開私人講學之風，以詩、書、禮、樂教人，本於「有教無類」的精神，不分階級均可來學。他不僅做知識的傳授，更注重人格與道德的培養。他是我國亙古最偉大的教育家，所以後世尊爲「至聖先師」。

7 「三桓」即叔孫氏、季孫氏、孟孫氏，皆出於魯桓公，故稱為「三桓」。季孫氏曾久掌魯國之政，魯昭公時，伐季孫氏，「三桓」之師共同對付昭公，昭公被迫出亡。

二、孔子的思想

孔子的中心思想是一個「仁」字。仁的表現是「己欲立而立人，己欲達而達人」，「己所不欲，勿施於人」。如以「仁」爲本體，表現在具體的行爲上，對父母爲孝，對兄弟爲悌，對朋友爲信，對國家爲忠，對人則有愛心。

在政治上，孔子主張「正名」。他鑑於春秋之世，禮樂崩毀，紀綱蕩然，「正名」可使政治走上正軌，社會建立秩序，防止亂臣賊子僭越無度。季孫氏八佾舞於庭，大夫竟用了天子的舞制，不合名分，所以孔子說：「是可忍也，孰不可忍也。」

孔子更強調「德治」，個人的修養固然需要德行敦厚，而國君更要施政以德，人民才會心悅誠服。

三、儒家與孟荀

儒是指有才藝、有學問、有操行、有理想的士，爲孔子所提倡。孔子雖不曾有意創立學派，但後世都推孔子爲儒家的開創者。孔子死後，弟子散布四方，大者爲諸侯之師傅卿相，小者友教士大夫，儒遂成爲顯學，號稱儒家。至戰國時代，以孟子和荀子爲重要的代表人物。

孟子（西元前三七二年—二八九年）名軻，戰國時鄒（山東鄒縣）人，一生繼承孔子之道爲志。他主張「性善」，以爲惻隱之心、羞惡之心、辭讓之心、是非之心，是人類生而俱有的善良特質。仁義禮智的德性，就是順此特質發展而成，而不假外求的。在政治上，他提倡「王道」，反對「霸道」，王道是以德服人，霸道是以力服人。他又主張「民爲貴，社稷次之，君爲輕」，政治措施應重視民意；經濟措施要做到人民生活溫飽，養生送死無憾。孟子的時代，充滿了邪說暴行，他力加闢斥，儼然以維護儒家的道統自任，後世尊爲「亞聖」。

荀子名況，趙人，生於戰國末年，晚於孟子。荀子亦遵孔子之道，但他主張「性惡」，認爲人的本性有許多情慾，順此發展，就要生出爭奪、殘賊、淫亂等惡行來，必須加以約束和教化，才能歸之於善。他主張以「禮」爲治，來克制情慾，約束行爲，以促進社會的安寧。國君爲一國的元首，負有重責，應受尊重。「尊君」、「隆禮」可視爲他的政治主張。

【研究與討論】

一、就孔子的學術、教育成就，研討後世為何尊他為「至聖先師」。
二、孔子的中心思想為何？
三、何謂儒家？
四、孟、荀學說有何不同？試說出自己對孟、荀學說的看法。

第四節　墨家、道家、法家及其他

一、墨子與墨家

墨家的始祖爲墨子。墨子名翟，魯人，做過宋的大夫，其時代較孔子稍後[8]。墨子

8 墨子的時代，據《史記》〈孟荀列傳〉云：「或曰並孔子時，或曰在其後。」

提倡「兼愛」、「非攻」、「節用」。他認爲天下之亂，起於自私自利而不相愛，因此必須「兼相愛」，才能「交相利」。「兼相愛」是要人做到「視人之國，若視其國；視人之家，若視其家；視人之身，若視其身」，如此，禍亂無從發生，則天下之人可同蒙大利。

他認爲人類的互爭，大國攻小國，強欺弱，衆暴寡，乃是天下的大害。戰爭是不義的行爲，所以主張「非攻」。他又認爲人類的資源有限，生活應以維持基本的需求爲限，反對物質享受，所以提倡「節用」。

墨子不僅是一位思想家，更是一位實踐主義者，具有高度的宗教熱忱與救世的精神。他常率領徒衆，援助被侵略的國家。

爲了實踐理想，墨子組織了一個嚴密的團體，領袖叫做「鉅子」，信徒皆稱「墨者」，徒衆對鉅子必須絕對服從。戰國時代，墨家的思想甚爲流行，與儒家並稱顯學，但墨子死後，墨家就發生了分裂，逐漸衰落。

二、老莊與道家

道家始祖爲老子。相傳老子即老聃，姓李名耳，生卒年月無可考，今傳《老子》一書五千言，一稱《道德經》，是道家學說的重要著作。

老子認爲人對外在名位的追求都是造成痛苦的根源，因此主張返璞歸眞，一切順應自然。

莊子名周，宋國蒙（安徽蒙城）人[9]，約與孟子同時，有《莊子》一書流傳。他的思想，歸本於老子，認爲人生應自由曠達，生死可以齊觀，世上的成敗、得失、是非、毀譽，都是相對的，喜怒哀樂更可以超脫。要打破以上的差別和物慾的束縛，無入而不自得，這是他理想中的人生最高境界。

老、莊爲道家的代表人物。此外，戰國時代的楊朱，提倡「爲我」、「貴己」、「輕物」、「重生」，其說與《老子》一書相近。在孟子的時代，楊朱與墨子的學說均極流行。

三、法家

法家所講求的，是國君統治的技術。春秋的法家，首推齊國的管仲。戰國時代，

9 蒙地後屬楚，所以莊子亦作楚人。

法家之學，在三晉最爲發達，可分爲三派：一派重「法」，可以魏李克與秦商鞅爲代表，著重制定法律條文，並以嚴刑重賞來貫徹執行，所謂「憲令著於官府，刑罰必於民心」；一派重「術」，可以韓申不害爲代表，主張君主應有駕馭臣下的方法和手段；一派重「勢」，可以趙人愼到爲代表，主張國君須有威勢，才足以服人。

集法家大成的是韓非。韓非爲韓之公子，師事荀子，有《韓非子》一書傳世。他綜合三派學說，認爲人君治理國家，法、術、勢三者不可偏廢。對臣民的統治，不能依賴仁義，而在於威勢。因爲「威勢可以禁暴，德厚不足以止亂」，如能循名責實，賞罰嚴明，則法行而國治。

四、其他各家

除了上述儒、墨、道、法四家之外，還有主張「五德終始說」的鄒衍，稱爲陰陽家；主張辨別名實同異的惠施、公孫龍，稱爲名家；主張君民並耕而食的許行，稱爲農家；以謀略遊說而取富貴的蘇秦、張儀，稱爲縱橫家；兼有儒、道、墨、法、陰陽等家思想的《呂氏春秋》，稱爲雜家；加上小說家，稱爲「九流十家」。

【研究與討論】

一、研討墨家的主要學說理論，並批評其優點、缺點。
二、老、莊的主張如何？
三、戰國的法家可分哪三派？何人集其大成？
四、墨、道、法三家的學說各有何價值？試就個人所見加以比較。

第五章 秦漢的统一

第一節　秦的開國與覆亡

一、秦帝國的重要措施

秦王政二十六年（西元前二二一年）統一天下，建立了我國歷史上第一個大一統的帝國；於是不再稱王，而把古時的「皇」與「帝」合而為一，號稱「皇帝」，自為「始皇帝」，即第一位皇帝，後世稱二世、三世，欲傳之無窮。其重要措施如下：

㈠中央集權

始皇初併天下，中央政府設丞相、太尉、御史大夫。丞相輔佐皇帝，治理全國；太尉負責軍事；御史大夫為丞相之副，其職掌是監察百官。丞相之下設九卿，分掌庶政。一切大權集於皇帝一身。地方分設郡縣，不再封建，郡縣的行政，完全受中央的指揮。

㈡統一法度與文字

春秋戰國時代，各國各自為政，治令互異，度量衡制度不同，文字的字體也不一致。秦併六國後，全行秦法，並劃一度量衡，禁止使用與秦國不同的文字，命李斯等作小篆，頒行天下。後因小篆書寫不便，由程邈作隸書，字畫簡省易用。

㈢開闢交通與修築長城

秦始皇為了鞏固帝國，便利運輸及巡遊，以國都咸陽為中心，修築「馳道」（行車大路），東至燕、齊，南至吳、楚。另修北至九原（綏遠境）、南至零陵（湖南境）的南北交通大道。

水路交通，曾開鑿鴻溝，引河水而南（汴水分流，即賈魯河）；又鑿靈渠（灕水），南接桂江，北接湘水，使珠江上游的西江與長江得以連貫。

戰國時代，秦、趙、燕等國，為防遊牧民族南侵，都在北境築有長城。秦併天下以後，乃連接為一，並續有增修，西起臨洮（甘肅岷縣），東至遼東（浿水），長五千餘里，為國防上一大工程。

㈣消除反側與箝制思想

秦統一後，將各國城牆拆毀，並沒收民間兵器，加以銷毀。又將各國貴族豪富，遷往咸陽，以便就近監視。

秦始皇三十四年（西元前二一三年），為了討論封建與郡縣的利弊，引起博士的爭辯。丞相李斯認為，統一後的帝國，如任人放言無忌，不僅有損主上威勢，且將惑亂人民，阻礙法令的推行。因請秦始皇將各國史書及詩書百家語，悉數焚燬，並頒禁令，此後「偶語詩書者棄市，以古非今者族」，只留下醫藥、卜筮、種樹之書不燒，百姓要學法令的，以吏為師，此即「焚書」，次年，又有「阬儒」之事，緣於方士誹謗秦始皇不德，於是在咸陽阬殺「文學方術士」四百六十餘人。

二、營治宮室與巡遊

秦始皇每破一國，即模仿其宮室規制，在咸陽興建新宮；又營建宏偉富麗的阿房宮及驪山陵寢，這些工程的營建，都動員了龐大的人力。

秦始皇統一天下後，十二年中曾五度巡行天下，其足跡所經之地，西起甘肅，東至山東，北自河北，南迄湖南、江、浙，歷十餘省數萬里之廣。始皇的巡遊，並非全爲遊觀或誇耀豐功偉業，主要乃在考察各地的風俗民情，以貫徹政令。

此外，秦始皇更開疆拓土，北逐匈奴，南征百越。

三、秦的影響

秦始皇的統一與措施，對於後世的影響頗大：一、在政治上，建立了中央集權的君主政體，和行政制度的規模。二、在文化上，完成了文字和法度的統一。三、在民族的融合上，自秦統一以後，使上古以來所謂的蠻、夷、戎、狄與華夏更進一步融合。四、在疆域上，由於秦併六國，以及開疆拓土，使我國疆域的版圖規模，奠定了大致的輪廓。

四、秦的覆亡

秦始皇三十七年（西元前二一〇年），死於巡遊途中，丞相李斯、宦者趙高矯詔立少子胡亥爲二世皇帝。二世即位後，誅李斯及諸公子，趙高則居中擅權，指鹿爲馬，用法嚴苛，政治已無可爲。

二世元年（西元前二〇九年）七月，楚人陳勝、吳廣在蘄縣大澤鄉（安徽宿縣境）

起而發難。六國遺民紛起抗秦復國，六國名號一一出現[1]。楚人項梁與其侄項羽起兵江東，立楚懷王之孫心爲楚懷王。劉邦亦起兵於沛（江蘇沛縣），後歸附項梁，受楚懷王指揮。

陳勝、吳廣起兵之後，二世遣章邯率兵東征。二世二年十二月，陳勝、項梁先後敗死，秦兵圍趙王於鉅鹿（河北平鄉）。楚懷王乃遣項羽救趙、劉邦西攻關中。

項羽渡河救趙，破釜沉舟，大破秦兵，章邯投降。劉邦則率軍經南陽入武關。二世三年（西元前二〇七年），趙高見東方亂事無法收拾，恐因此得罪，乃弒二世，立二世侄子嬰爲王。子嬰即位，立誅趙高，但劉邦之軍已進至霸上（陝西長安縣東），子嬰出降，秦亡（西元前二〇六年）。

五、秦亡的原因

秦帝國的措施，在國史上固然有深遠的影響，但立國僅十五年即告覆亡，其主要原

1 除了楚懷王以外，齊人田儋據齊地自立為齊王；燕人韓廣自立為燕王；魏人周市立魏國公子咎為魏王；張耳、陳餘立趙歇為趙王；項梁採韓人張良之議，立韓公子成為韓王。

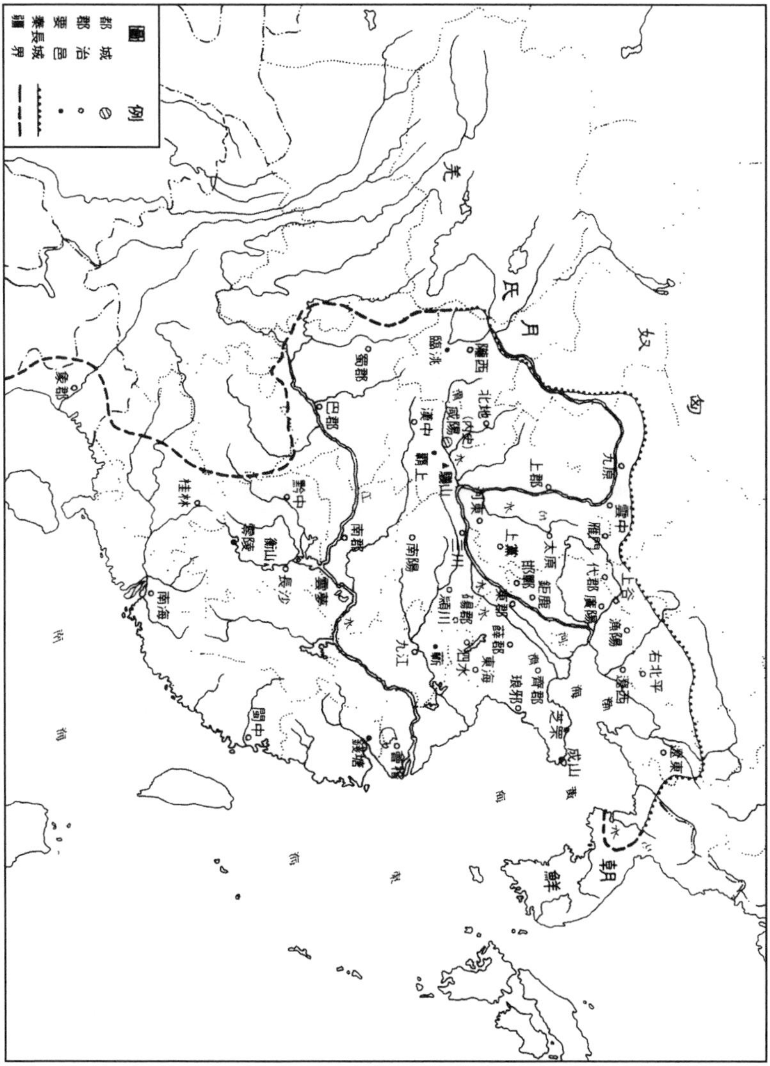
圖例
郡城
郡治
要邑
秦長城
疆界
匈奴
月氏
羌
九原
雲中
雁門
代郡
上谷
漁陽
右北平
遼西
遼東
朝鮮
上郡
北地
隴西
臨洮
咸陽
蜀郡
巴郡
漢中
太原
鉅鹿
邯鄲
上黨
河東
三川
南陽
潁川
東郡
薛郡
東海
琅邪
齊郡
泗水
九江
南郡
黔中
長沙
衡山
零陵
桂林
象郡
南海
閩中
會稽

秦代形勢圖

因就是由於實行暴政，使天下人心大失所望。

秦得天下後，嚴刑峻法，徭役繁興，開闢馳道，修築長城，巡行天下，大治宮室陵寢，又北伐匈奴，南征百越，使人民力役的負擔，比古代增加三十倍。天下雖已統一，但人民非但未得休養生息，反而比以前更為痛苦。

其次，秦以武力併滅六國，拆除六國城池，毀棄六國文物制度，六國遺民深感亡國之痛，抗暴意識也就特別強烈。他們無不隨時待機而動，圖謀復國。例如張良，其父祖歷任韓相。韓亡，張良求得大力士，於秦始皇二十九年東遊時，狙擊之於博浪沙（河南陽武），誤中副車。楚人對於亡秦復國的信念，更是堅強，謂「楚雖三戶，亡秦必楚」，只待時機成熟而已。

秦始皇末年，帝國已危機四伏，亂象環生。始皇死後，二世昏庸，趙高專權，非但未放棄暴政，反而變本加厲，終於使秦帝國走上了覆亡的命運。

【研究與討論】

一、秦統一天下後焚書的原因何在？影響如何？
二、研討秦帝國崩潰原因。
三、試以秦的覆亡為例，說明暴政必亡。

第二節　漢的開建與文景之治

一、楚漢之爭

當劉邦入關破秦之時，項羽也已擊降秦將章邯，引兵西向關中，進駐鴻門（陝西臨潼）。劉邦兵力不敵項羽，親往鴻門謝罪，佯示服從。項羽的謀臣范增勸項羽於席間殺之，劉邦乘間脫逃[2]。項羽乃西屠咸陽，殺子嬰，燒秦宮室。

項羽既得關中，實行分封，宰制天下；尊楚懷王爲義帝，不久又加以殺害；對於六國之後及亡秦有功的人各予分封，而以巴、蜀、漢中[3]之地封劉邦爲漢王，都南鄭（陝西南鄭）；又三分關中，封秦降將章邯、董翳、司馬欣等三人，以斷絕劉邦復出之路。項羽自立爲西楚霸王，都彭城（江蘇銅山），儼然爲天下的霸主。

項羽的分封，有人認爲不公，田榮在齊國起而反項羽。項羽親自攻齊，劉邦則乘機平定三秦，並發大兵出關，聲討項羽，攻占彭城。項羽聞變，回師大破漢軍，進而圍劉邦於彭城。

劉邦退至滎陽（河南廣武），得蕭何自關中補充壯丁及軍需，與項羽相持於滎陽、成皋（河南汜水）之間。邦命韓信渡河，經略河北，迂迴楚的後方。彭越則以遊兵絕楚糧道，項羽的部將九江王、英布也叛楚歸漢。項羽自知兵少糧盡，形勢日趨不利，遂接受劉邦的和議，中分天下，約以鴻溝（河南滎陽境）爲界，以東屬楚，以西屬漢。項羽

2 此即著名的「鴻門宴」，記載在《史記》〈項羽本紀〉。

3 「巴蜀」得名於先秦時期存在於重慶四川的兩個國家：巴國與蜀國。巴蜀，又稱為川渝，是中國西南部重慶市與四川省的合稱，歷史上其範圍還包括與四川盆地文化聯繫密切的漢中盆地等地。

自以為和約已成，引兵東歸。劉邦從陳平、張良之計，棄和背約，追擊項羽，圍項羽於垓下（安徽靈壁東南）。項羽突圍南走，至烏江（安徽和縣東北），但自覺「無顏見江東父老」，便自刎而死。楚漢之爭（西元前二〇五—二〇二年），至此結束。

楚漢之爭，漢勝楚敗，原因頗多。劉邦知人善任，能運用張良、蕭何、韓信三傑的專長；項羽剛愎自用，僅一謀臣范增，竟被劉邦設計離間而死；劉邦為人寬厚，豁達大度，入關之後，即與秦父老約法三章：「殺人者死，傷人及盜抵罪」，其餘秦的苛法完全廢除，秦人大喜；項羽勇悍殘暴，阬秦降卒，西屠咸陽，焚秦宮室，大失人心。

二、西漢的開國

項羽敗亡，劉邦稱帝，國號漢，是為漢高祖。高祖，沛豐邑（江蘇豐縣）人，原為一介平民，其開國的王侯將相也大多是平民出身，所以西漢是我國歷史上第一個由平民而革命創建的朝代。其重要措施如下：

㈠定都長安

漢高祖即位後，初都洛陽，後遷長安；因為關中形勢險要，東向控制天下，可以無後顧之憂。

㈡制定朝儀

漢高祖出身低微，其功臣故舊亦皆不習禮節，每逢上朝時，君臣無秩序可守，漢高祖乃命故秦博士叔孫通制訂朝儀。諸侯群臣朝賀時，一切依朝儀進行，進退有禮，確立了天子的威嚴。

㈢翦除異姓諸侯

漢高祖創立帝業，其功臣名將的幫助很大，所以初得天下時，不得不立異姓功臣爲王。這些異姓諸侯，擁有自己的封地和武力，高祖對之甚爲畏忌，因此在他逝世之前，大部分予以翦除，並與大臣約定「非劉氏而王者，天下共擊之」。

三、黃老治術

漢高祖崩，惠帝即位，生性仁厚懦弱，大權操之呂后。惠帝崩，呂后臨朝稱制八年。她打破非劉氏不得稱王的約束，大封呂氏子弟爲王爲侯，掌握軍政大權，外戚勢力大為擴張，使宗室、大臣深懷不平。及呂后崩，宗室朱虛侯劉章與功臣元老陳平、周勃等合作，誅除諸呂，迎立代王劉恆即位，是為漢文帝。文帝為高祖庶子，其母出身寒微，故立他為帝，可免外戚之禍。

由於長期戰亂，民生凋敝，黃老無為的思想，正適合時代的需要。漢高祖時，蕭何為相，凡事從民之欲，避免擾亂；惠帝時，曹參繼蕭何為相，更服膺黃老治術，採取「守而勿失」的消極政策，一切無所變更，此即所謂「蕭規曹隨」。

文帝繼位，仍崇尚黃老治術，為政務在寬厚，以身守法；曾減免田稅，廢除肉刑，個人的生活尤為樸素；對外則容忍抑制，如南越趙佗稱帝、匈奴入寇、吳王的跋扈，都不願有所舉動，目的在「休養生息」。其子景帝，雖崇尚名法，但仍能節儉自持，在位十六年（西元前一五六—一四一年），國力更為富足。由於文、景四十年的「休養生息」，使國家積蓄豐富，經濟繁榮，史稱「文景之治」。

四、七國之亂

文、景時代，雖然是西漢的治世，但卻存在著一個有待解決的問題，那就是同姓諸侯日益強盛，對朝廷也日趨驕恣跋扈。漢文帝時，賈誼建議「眾建諸侯而少其力」。

文帝採溫和手段來達到削弱諸侯的目的[4]。景帝即位，諸侯的勢力仍大，百官建置與宮室建築都與朝廷無異。景帝乃採鼂（音巢）錯建議，削奪楚、趙、膠西諸王的封地，吳王劉濞（音僻）即以誅鼂錯爲名，首先起兵反叛，楚、趙、膠西、膠東、菑川、濟南等六國繼起響應，結果爲太尉周亞夫平定，爲時僅三個月。

「七國之亂」平定，景帝乘機收回諸侯的權柄，規定王國的官吏須由朝廷派遣，王侯留置於京師，不使就

4 例如齊王劉肥死後，文帝逐漸分齊為七國，分王劉肥之七子；淮南王劉長死，分淮南為三國，分王其三子。

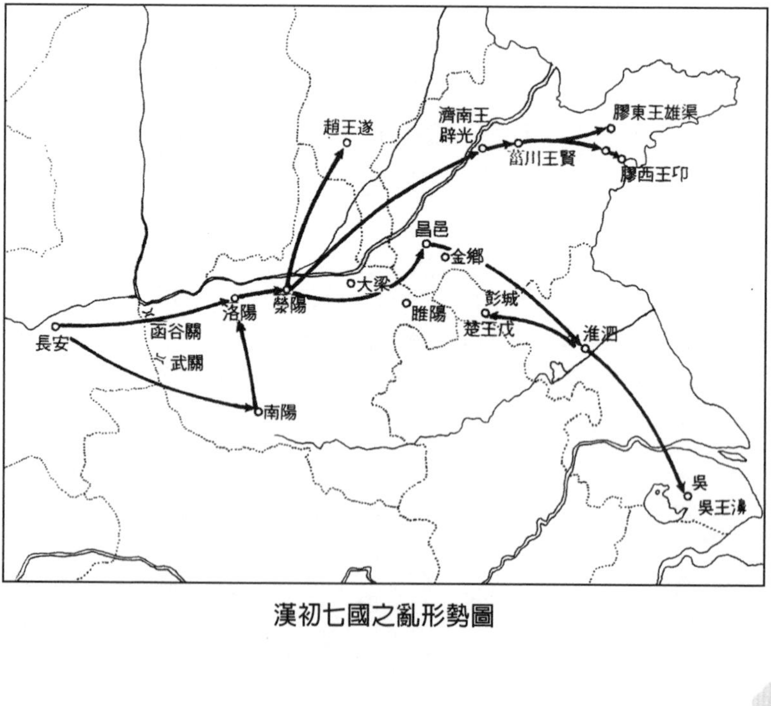

漢初七國之亂形勢圖

國。武帝時，大行「推恩衆建」的政策，諸侯國土更爲縮小，行政權又直屬朝廷，封建至此已名存實亡。這是西漢走上中央集權大帝國的重要過程。

【研究與討論】

一、研討楚漢相爭史實，指出劉邦成功的原因。
二、漢初黃老思想流行的背景為何？
三、「七國之亂」平定，與西漢中央集權的建立有何關係？

第三節　西漢的盛衰

一、武帝的新政

武帝即位時，漢興已六十多年，由於長期休養生息，社會富庶，府庫充裕，政治上中央集權也已完成；加以他的雄才大略，乃一改過去黃老無爲作風，對內改定制度，對外大拓疆土。他的積極作爲，開創了西漢空前的盛世。

漢武帝的許多重要措施，在我國歷史上都曾發生過很大的影響，茲列舉重要者如下：

㈠建年號，改正朔

武帝以前帝王皆無年號，漢武帝首先建立年號[5]，稱建元元年（西元前一四〇年），這是我國帝王建立年號之始。影響所及，以後歷代君主都以年號記年，直至清末。

漢初以來沿用秦曆，以十月（亥月）爲歲首。漢武帝於太初元年（西元前一〇四年）造「太初曆」，改以正月（寅月）爲歲首，即現在的陰曆。此曆相傳爲夏代所行，故亦稱夏曆。

5 漢武帝在位五十四年，其年號總計有十一個之多。

㈡罷黜百家，獨尊儒術

漢武帝即位（西元前一四〇年），下詔舉「賢良方正，直言極諫」之士，開始尊崇儒術，其後並增置五經博士。惟當時太皇太后竇氏習尚黃老，喜好儒術的大臣頗受阻抑。待建元六年竇太皇太后卒，武帝採董仲舒建議，罷黜百家，獨尊儒術。又設立太學，置博士弟子員五十人，凡通一經以上者可以補吏。儒學經武帝的提倡，遂成為此後中國學術的正統。

㈢財政的變革

武帝為廣開財源，充實府庫，推行了以下的政策：

一、統一貨幣：秦時用半兩錢，漢文帝時鑄「四銖錢」；漢武帝以前貨幣頗為紊亂，且私鑄盛行。武帝鑄「五銖錢」，統歸政府鑄造，嚴禁人民私鑄，以統一貨幣發行。

二、國營公賣：漢武帝將鹽、鐵、酒收歸政府公賣。鹽由官製煮鹽工具，委託商人包辦，再課以重稅。鐵由政府設官採冶，製成鐵器出售。酒的釀造與出售，亦由政府經營。

三、國營貿易：漢武帝實行的國營貿易，就是「均輸」與「平準」。所謂「均輸」就是在各地設置均輸官，負責將郡國貢獻京師的貨物，運往價高之地出售，得錢歸公；又在京師設平準官，負責收購天下貨物，賤則買之，貴則賣之，以平抑物價。

武帝晚年，由於連年用兵，國用已感不足，漢帝國一時出現了衰象。自「巫蠱之禍」發生[6]，匈奴乘機入寇。漢武帝感於家庭的慘變，對外戰爭失利，深爲痛悔，乃改變作風，禁止苛法，停止對外征戰，以便與民休息。至昭宣時代，漢帝國在安定中才再度出現盛世。

二、昭宣的治績

漢武帝死，昭帝即位，遺命以外戚霍光等輔政。昭帝在位十三年，實際政權操之霍光。在霍光執政期間，大體以與民休息爲施政的依據。對外與匈奴避免戰爭；對內輕傜

6 漢武帝晚年多病，夢有木偶持杖襲擊，佞臣江充讒太子據行「巫蠱」。武帝派江充掘蠱太子宮，得桐木人，太子乃收捕江充。武帝因發兵攻太子，雙方大戰於長安城中，死者數萬人，太子兵敗自殺。

薄賦，重視民生疾苦，並詔舉賢良方正、文學之士，以拔擢人才。霍光的措施，使漢帝國國力漸趨恢復。

昭帝之後為宣帝[7]，仍由霍光執政，光死才得親政。宣帝幼時，流落民間，故深知民生疾苦和吏治得失；親政後，勵精圖治，「綜覈名實，信賞必罰」，朝中任用丙吉等賢臣為相，地方官吏的任用也慎加選擇，因此循吏輩出；又減免賦稅，以濟貧窮；對外匈奴臣服，西域亦有效地控制；史稱「昭宣之治」。

三、西漢的衰亡

自宣帝以後，西漢即步入衰運。宣帝時代宦官已開始典掌機要；元帝時，宦官廣結黨羽，把持朝政。成帝雖罷退宦官，但大權卻又旁落於外戚王氏之手。

西漢自「七國之亂」平定，中央集權的形勢已成。在中央集權政制下，國君英明，自易統御全局，開創盛世；一旦君主幼弱昏闇，大權即不免旁落。宦官與外戚是朝廷中

7 昭帝無子，霍光原迎立武帝孫昌邑王劉賀（昌邑王劉髆之子）入統，旋以「淫戲無度」的罪名被廢，改立武帝曾孫詢（太子劉據之孫）即位，是為宣帝。

最易竊取權柄的兩類人物。西漢自成帝以後，政權已逐漸爲外戚王氏所掌握，最後終爲王莽所篡，傳年兩百一十四（西元前二〇六－西元後八年）。

【研究與討論】

一、漢武帝時代的重要措施，哪些在歷史上發生了重大的影響？
二、研討漢武帝的財政經濟政策。
三、漢宣帝有何治績？

第六章

東漢的建立及其衰亡

第一節　王莽篡漢與改制失敗

一、王莽篡漢

王莽為漢成帝太后王政君之侄，其父早死，孤貧清苦，自幼在宮中養育。當時王氏子弟多驕奢淫逸，獨王莽恭儉有禮，謙虛好學，深受賞識；成帝時出任大司馬，年僅三十八歲。王莽執政後，選賢任能，勤於政事，對屬下廣施恩惠，而自奉儉約，他的爵位愈高，愈是謙虛，深為朝野推重。哀帝時，莽被免職，反能利用機會，修德養望，博得許多時譽。年僅九歲的漢平帝立，王莽受詔輔政，以大司馬大將軍總攬朝政，因功受封為「安漢公」。他利用機會收買人心，籠絡學者，士子上書歌功頌德者數十萬人。王莽見時機成熟，便弒漢平帝，立孺子嬰為帝，攝政稱「假皇帝」。過了三年受禪即天子位，改國號為「新」。

王莽能夠取得政權，自亦有其原因。就政治而言，西漢自成帝以來，政權旁落外戚之手，成帝太后王政君以其兄弟王鳳、王音等相繼輔政，郡國守相皆出王氏之門，朝野早爲王氏的勢力所籠罩。

就社會經濟而言，自漢文帝、景帝休養生息以來，由於農商發達，社會貧富不均的現象逐漸形成；尤以土地兼併，農民貧苦，至西漢末年，社會問題日趨嚴重。王莽欲復古變法，使人民對他寄予很大的期望。

就學術思想而言，西漢時代，儒家學說已攙入陰陽五行思想，儒生好以自然界的災異解釋政治或人事現象，認爲一「德」既衰，另一「德」當起而代之，朝代的更替也是如此。由於漢元帝、成帝以後君主的昏闇，使大家認爲漢德已衰，新德將興，王莽的表現，博取了人們對他的好感與擁護。

二、新莽的改革

王莽即位以後的重要改革如下：

㈠土地國有

王莽即位，下令全國土地收歸國有，名曰「王田」，不得買賣。一家男丁不滿八口，而田過一井（九百畝）者，多餘的田須分給九族鄰里鄉黨；無田者，政府授給，一夫百畝。

㈡禁販奴婢

當時買賣奴婢的風氣很盛，貴族豪強之家，蓄養奴婢，且行交易，王莽下令禁止。

㈢推廣國營事業

王莽將漢武帝時代的專賣與國營政策加以擴大，凡鹽、酒、鐵、名山大澤（林、礦、漁、牧）、錢布冶銅、五均賒貸，全歸國營，名曰「六筦」[1]。其中「五均賒貸」就是國營的平價事業和貸款業務，影響民生至巨[2]。

1「筦」與「管」同。「六筦」就是把與民生有密切關係的六件事，都由國家管理。

2在京師（長安）、洛陽、邯鄲、臨淄、宛（南陽）、成都六大都市，設立五均之官，各地設司市、泉府等官，以掌管下列各事：㈠凡五穀布帛、絲棉等民生必需品，遇滯銷或落價時，由司市官規定平均物價，五均官依平價收買；如遇缺貨物價上漲時，再由政府照「平價」出售，以平抑物價。㈡凡從事工商業者，包括漁獵、畜牧、巫醫、蠶絲、紡織等，須向政府登記，徵收其純利的十分之一，謂之「貢」，頗似現代營利事業所得稅。㈢政府以「貢」錢作為貸款的母金，凡人民因祭祀、喪葬，可向政府無息貸款；如經營小本生意，則按所得純利，取息十一分之一。㈣荒地及城廓中的空地，均予徵稅。㈤浮遊無業的人，每丁每年須納布一疋；不繳者，強迫服勞役。

㈣改革貨幣

廢除五銖錢，定貨幣爲：金、銀、龜、貝、錢、布等六種。

三、改制的失敗

王莽的改革包括了政治、社會、經濟等重大問題，牽涉方面極廣，卻沒有詳密的計畫和次第推行的步驟，以致諸多失當，不僅豪強地主商賈反對，一般人民亦未蒙其利，反受其害。例如新政繁複，又時常變更，連官吏也不甚清楚，人民更無所適從。又如「六筦」的立意，未嘗不善，但將一切工商事業都置於政府管制之下，反而變得處處與民爭利。改革的結果，不但府庫未能充實，百姓反而過著饑寒窮愁的生活。新的貨幣，由於名目繁多，人民使用不便，民間仍私鑄五銖錢，以致貨幣混亂。

此外，王莽降低四夷君王的地位，把稱「王」的四夷君長都更改爲「侯」，又把漢授予的「匈奴單于璽」改爲「新匈奴單于章」。「四夷」不願被降低地位，相繼寇邊，王莽發大軍征討，勞民傷財，民生更爲痛苦，內亂也就乘時而起。

四、新朝的傾覆

王莽末年，連年天災，青、徐、荊三州[3]尤爲嚴重。各地亂事紛起，其中以綠林兵和赤眉兵勢力最大。綠林兵以王匡、王鳳爲首，起於綠林山（湖北當陽縣東北）；赤眉兵以樊崇爲首，活動於青州、徐州一帶。地皇[4]三年，王莽遣兵討赤眉，反爲赤眉所敗。

這時，漢宗室劉縯（音演）、劉秀兄弟也起兵於舂陵（湖北棗陽縣），與綠林兵聯合，聲勢大盛；共推宗室劉玄爲漢帝，建號更始，是爲更始皇帝。王莽見漢兵勢盛，派兵四十萬南討，與漢軍戰於昆陽（河南葉縣）。劉秀以步騎三千，合昆陽守軍九千人，大破莽軍。各州郡紛起反王莽，用漢年號。漢軍一攻洛陽，一向長安，京師發生暴動，王莽被殺，新朝亡，共十五年。

---

3 州是漢代監察區名，又稱部。東漢十三州包括：司州（司隸校尉部）、豫州、兗州、徐州、青州、涼州、并州、冀州、幽州、揚州、荊州、益州、交州。

4 「地皇」是王莽的第三個年號，也是他繼「始建國」、「天鳳」後的最後一個年號，共計四年。

【研究與討論】

一、研討王莽何以能夠篡漢。
二、新莽的土地政策如何？
三、新莽的經濟政策如何？
四、研究新莽改制失敗的原因，並提出個人對王莽的評價。
五、昆陽之戰對於推翻新朝有何意義？

第二節　漢的中興及其治術

一、光武的中興

昆陽之戰大勝莽軍的劉秀，原爲漢景帝後裔，少長於民間，曾遊學長安。王莽末年，與其兄劉縯一同起兵，昆陽戰後，聲望日隆。劉縯遭更始猜忌被殺，劉秀奉更始皇帝劉玄命經營河北，收復許多州縣；擊滅稱帝於邯鄲的王郎，大破流寇「銅馬」；從此脫離更始控制，別樹一幟，遂即位於鄗（河北高邑），改元建武，旋遷都洛陽，是爲東漢光武帝。

更始皇帝劉玄進入長安，部衆橫暴，不久赤眉兵攻陷長安，更始被殺。光武乃討降赤眉，收復關中。是時群雄並起，割據的勢力遍布各地[5]，光武分別遣將討平，直至建武十二年（西元三六年）盤踞四川的公孫述敗亡，天下才復歸統一。光武帝能夠中興漢室，實由於掌握了下列的條件：

一、人心思漢：王莽政令苛酷，失去天下人心[6]，尤其改革失敗，使農商俱廢，經濟蕭條，社會動亂。而西漢自初年以來與民休息，深仁厚澤，植於人心，人民受到新莽

---

5 光武即位後，重要的割據勢力計有：劉永據睢陽（河南商邱）、張步據臨淄、李憲據廬江（在淮南）、彭寵據漁陽、盧芳據五原（在綏遠）、隗囂據天水、竇融據河西、公孫述據成都。其中公孫述勢力最大。公孫述，扶風茂陵人，更始二年自為蜀王，都成都，兵力精強，遠方士庶多往歸之，建武元年遂自立為天子，號成家，盡有益州之地。

6 《後漢書》〈王常傳〉載王常論王莽曰：「即有天下，而政令苛酷，積失百姓之心，民之謳吟思漢，非一日也。」

的苛政及戰亂的災害，不禁對西漢的盛世，興起懷念的感情，而厭棄新朝[7]。

二、目標正大：在人心思漢的背景之下，劉秀爲漢景帝之後，以復興漢室爲號召，有正大的目標和理想。當他隨更始至洛陽時，軍容整齊，一切採漢的制度。有些老吏見到光武的僚屬，感動地流著淚說：「不圖今日復見漢官威儀。」其後經營河北時，所至州郡，撫慰百姓及地方官吏，除王莽苛政，恢復漢的官名，劉秀因此成爲天下人心歸附的對象。而其他各地起兵的勢力，赤眉、綠林紀律敗壞，如同盜賊；割據群雄，也毫無作爲可言，不足與光武對抗。

二、光武的措施

漢光武即位後，重視文治，其重要措施如下：

㈠偃武修文

自王莽末年，天下動亂，群雄並起，海內紛爭二十餘年，民生凋敝，人民亟須喘

7參考趙翼：《廿二史劄記》，卷三，「王莽時起兵者皆稱漢後」條。

息。所以光武即位後偃武修文，尊崇儒術，常與公卿討論經學，不復言軍旅之事。爲政則以與民休養生息爲原則，輕徭薄賦，廣求民間疾苦，又特別注意地方官吏的選擇和考核，所以官吏負責盡職，循吏輩出。而中興將帥也都讀書好學，有儒者氣象。

㈡表彰節義

漢光武鑑於王莽時代阿諛成風，士人氣節墮落，故即位後，力謀矯正，對於節義之士，特別尊崇，例如卓茂不肯附和王莽，光武召爲太傅，譙玄曾拒公孫述的徵召，死後加以褒揚；對於不肯仕宦的隱士如嚴光、周黨等[8]，則優禮有加，聽其自守；社會風氣爲之一變。東漢士大夫都以名節自勵，重視操守，成爲社會的中堅分子。崇尚氣節遂成爲東漢士風的特徵。

三、明章之治

漢光武帝在位三十二年（西元二五—五七年）卒，繼位的明帝、章帝都是明主。

[8] 譙玄見《後漢書》〈獨行傳〉，嚴光、周黨則列於〈逸民傳〉。

明帝能稟承光武遺教，尊崇儒術，優禮功臣；曾親至太學，主持養老禮，對於過去教過他的老師，仍執弟子之禮，以示尊師重道；又禁止外戚干政，慎用官吏；永平十二年（西元六九年），修治黃河，平息水患；在位期間，人民安樂，戶口日繁。

章帝繼位，政治措施務從寬厚；又頒「胎養令」，妊娠婦人，賜穀三斛；輕徭薄賦，獎勵農桑，民生充裕。章帝更能重視儒術的提倡，曾在京師的白虎觀召集諸儒，討論五經的異同；又曾東祀泰山，親至孔子故里，恭祭孔子；對於昔日的老師，仍能修弟子之儀。

明、章時代，三十多年，爲東漢的治世，史稱「明章之治」。

【研究與討論】

一、王莽末年為什麼「人心思漢」？
二、研討漢光武帝成功的原因。
三、漢光武帝如何表彰氣節？影響如何？試就本節之外，再舉出幾個東漢士大夫或官吏重視氣節或操守的實例。

四、研討「明章之治」，並說明明、章二帝尊師重道的意義。

第三節　東漢政治的演變

一、宦官外戚的亂政

東漢章帝之後為和帝，即位時年僅十歲，竇太后臨朝聽政，以其兄竇憲為大將軍。竇氏一門，布滿朝廷，形成外戚專政的局面。和帝漸長，不滿外戚的專橫，但苦於無法收回政權，祇好與宦官密謀，誅殺竇憲。如此，雖暫翦除了外戚，但卻開了東漢宦官參政的惡例。

自漢和帝以後的皇帝，大多是幼主嗣位，母后臨朝，政事委任父兄，因此造成了外戚的專權。及幼主年長，不甘大權旁落，與宦官合作，誅除外戚，政權又落入宦官手中。東漢中葉以後，政治遂淪為外戚、宦官的奪權鬥爭，彼此相誅，循環不已。

宦官由於與皇帝的親近，容易竊取權柄，所以宦官、外戚的鬥爭，勝利多屬於宦官。漢桓帝時宦官單超等，因誅除外戚有功，竟獲封侯，遂把持朝政，黨羽遍布內外，營私舞弊，欺侮百姓。靈帝特別寵信宦官，政治敗壞達於極點。宦官的亂政，實已動搖了東漢帝國的基礎。

二、黨錮之禍

東漢至桓靈之時，宦官取代外戚專政，爲害更烈。崇尚氣節的名士與儒生，鑑於宦官的專橫，朝政日非，於是發出清議，批評朝局，裁量執政。宦官施以報復，終於釀成兩次黨錮之禍。

漢桓帝延熹九年（西元一六六年），太學生三萬人，以郭泰、賈彪爲首領，與太尉陳蕃、司隸校尉李膺互相聯合，攻擊宦官。宦官誣李膺等與太學生結黨營私，誹謗朝政。桓帝乃捕李膺等兩百餘人下獄。次年，雖赦免黨人之罪，但仍禁錮終身。這是第一次黨錮之禍。

漢靈帝即位，年方十二，竇太后臨朝，以其父竇武爲大將軍輔政，名士陳蕃爲太傅，又成爲幼主即位、母后臨朝、外戚主政之局。這時宦官禍國殃民，爲害遠過於外戚。於是名士欲與外戚合作，誅除宦官，事機洩漏，竇武自殺，陳蕃遇害，李膺等百餘人被捕，皆死獄中；遭流徙、禁錮者達六、七百人，太學生被捕者千餘人。牽連極廣，是爲第二次黨錮之禍。

東漢崇尚氣節的士風，經過兩次黨錮之禍的打擊，幾被摧殘殆盡。宦官一再得勢，更助長其凶燄，政事愈加敗壞。

三、黃巾之亂

東漢自中期以後，由於外戚宦官的長期鬥爭，政治已經敗壞，人心怨憤。漢安帝以後連年天災，水利失修，農村經濟衰退，人民生活極爲痛苦，社會已呈現動盪不安的現象，野心家遂假借宗教迷信加以煽動。漢靈帝時，終於引爲「黃巾之亂」。

鉅鹿（河北平鄉縣）人張角，信奉黃老，以妖術傳道，號爲「太平道」，自稱「大賢良師」：教民跪拜懺悔，用符咒治病，誘惑愚民，信徒達數十萬，遍布青、徐、幽、冀、荊、揚、兗、豫八州。其部衆分爲三十六方，大方萬餘人，小方六、七千人，散布謠言：「蒼天已死，黃天當立。」漢靈帝中平元年（西元一八四年），張角並與宦官勾結，陰謀造反，事機敗露。張角遂與徒衆舉事，以黃巾爲標幟，時人謂之「黃巾賊」，到處殺人焚掠，旬月之間，蔓延全國，京師震動。漢靈帝大懼，赦免黨人，以皇甫嵩等爲將，發天下精兵討伐，費時數月，才告討平；但餘黨仍在河北一帶爲亂，達十年之久。由於各州郡都擁有自己的武力，埋下群雄割據的種子。

四、東漢的亂亡

漢靈帝死，少帝即位，何太后臨朝，以其兄何進為大將軍輔政。何進與司隸校尉袁紹密謀誅除宦官，召涼州鎮將董卓入京相助。但因事機不密，致何進為宦官所殺。袁紹不自安，遂率兵攻入宮中，盡誅宦官兩千多人，外戚與宦官同歸於盡。

東漢末年由於防禦羌禍，涼州成為天下精兵的所在。董卓久鎮涼州，擁有左右大局的武力；聞變，即率兵進入洛陽，廢少帝，立獻帝，自為相國，把持朝政，凶暴無比。袁紹逃出京師，號召東方州郡聲討董卓。卓挾獻帝西遷長安，不久為司徒王允與呂布所殺。接著董卓部將又殺王允，長安大亂，獻帝逃回洛陽。當時四方州牧，各擁強兵，據地稱雄，獻帝徒擁虛名，東漢已名存實亡。

【研究與討論】

一、東漢自中葉以後，外戚宦官衝突的原因何在？影響如何？

二、黨錮之禍如何發生？

三、「黃巾之亂」發生的原因及影響各如何？

第七章

秦漢疆域的開拓

第一節　漢與匈奴的和戰

一、秦代的北伐匈奴

戰國時代，匈奴興起於塞外，燕、趙、秦三國頗受其侵擾，曾各築長城加以防禦。

秦始皇併六國之後，使蒙恬率兵三十萬北擊匈奴，盡收河南之地（今綏遠南境），繼又逐退榆中（甘肅榆中）一帶匈奴。臨河修築縣城，移民實邊，並增築長城，從遼東到臨洮，屏障北邊。

二、漢初與匈奴的關係

秦末大亂，繼而楚漢相爭，中國疲於戰亂。匈奴雄主冒頓（音末獨）單于乘時崛起[1]，兵力強大，統一塞外各遊牧民族，復奪去蒙恬所得河南之地，寇擾中國北疆。

---

1 「冒頓」是「始」的意思，冒頓單于有「始皇帝」的意思。

楚漢相爭結束之次年（西元前二〇一年），匈奴冒頓單于大舉南下，進攻晉陽（今山西太原）。翌年，漢高祖親率大軍討伐，在平城附近被圍七日，食盡援絕，情勢危殆，後用陳平之計，始得脫險。高祖不得已，採劉敬之議，用和親政策，以宗女妻冒頓，歲贈匈奴絲織品、糧食，使匈奴獲得經濟上的利益，以換取邊境上的暫時安定。

高祖死後，冒頓單于益驕，曾致書呂后，語多侮辱。呂后不敢與匈奴決裂，只好卑辭回書。這時匈奴在冒頓領導下，東滅東胡，西擊走月氏，並定西域諸國。其領土東起遼東，西有天山，北至北海（貝加爾湖），南與漢接壤，成為雄踞塞北的大國。冒頓以後，匈奴仍常入寇，時當文景時代，國力未足，只好沿用屈辱的和親政策。

三、漢武帝的征伐匈奴

武帝即位，漢朝已經過長期的休養生息，國力充沛，政治上已完成了中央集權，於是對匈奴改採征伐的政策。元光二年（西元前一三三年），漢武帝派人詐降匈奴，誘其入侵馬邑（山西朔縣），漢設伏兵三十萬於其附近，欲一舉而殲滅之。匈奴軍臣單于（冒頓之孫）果然大舉入塞，將至馬邑時，識破了計謀，迅速退走，從此漢匈決裂。武帝也放棄誘敵深入的戰略，改採主動攻擊，其中以下列三次最為重要：

一、元朔二年（西元前一二七年），匈奴入侵，漢武帝派大將衛青出擊，收復河南地，置朔方郡，重修秦時蒙恬所築的防線，於是北邊鞏固，匈奴不再能威脅長安。

二、元狩二年（西元前一二一年），以霍去病統率萬騎出隴西，獲得大捷。是年夏天，霍去病又將兵出北地，深入兩千里，大破匈奴。匈奴渾（昆）邪王率眾四萬人降漢。漢於河西之地分置武威、張掖、酒泉、敦煌四郡，隔斷了匈奴與羌的聯絡，遂開漢通西域之路。

三、元狩四年（西元前一一九年），衛青、霍去病各將五萬騎，分道出擊：衛青自定襄（歸綏附近）出塞，霍去病自代郡出塞，大破匈奴單于，從此漠南已無匈奴的勢力。

此後二十年間，漢與匈奴未再發生重大戰爭；但武帝晚年，對匈奴的戰事並不順利。天漢元年（西元前一〇〇年），蘇武出使匈奴被扣留；次年武帝以李陵伐匈奴，以孤軍深入，矢盡援絕，降於匈奴。征和三年（西元前九〇年），再以李廣利伐匈奴，結果兵敗投降。此後終武帝之世，未再征伐匈奴。

四、匈奴的降服與和親

漢武帝對匈奴長期戰爭，國力消耗極大，匈奴損失更爲慘重。昭帝即位，漢匈關係和緩，匈奴放歸蘇武返漢，以示友好。蘇武被匈奴拘留達十九年之久，因感於國家恩義，不肯投降。匈奴把他放置在北海無人處牧羊，不供給食物。蘇武在冰天雪地裡，掘野鼠、取草實而食之，仍持著漢節牧羊，不爲所屈，表現了民族的正氣。

漢宣帝時，匈奴西侵烏孫，爲漢軍擊敗，同時又遭丁零、烏桓等襲擊，國力大爲虛弱。不久，匈奴內亂，五單于分立，呼韓邪獲得勝利，但最後呼韓邪單于又被郅支單于所敗，請降於漢。甘露三年（西元前五一年），呼韓邪入朝，願留光祿塞（綏遠境內），作爲爲漢的屛障。

漢元帝時，郅支單于西走中亞，威脅西域諸國，被漢西域都護甘延壽與副校尉陳湯，發西域諸國之兵與漢屯田士卒所攻殺。不久，呼韓邪單于三度入朝，益爲恭順，請與漢和親，元帝妻以宮女王嬙（昭君）。自是漢匈關係更爲改進。西漢自宣帝以後，與匈奴和親，北邊相安無事者六十餘年。

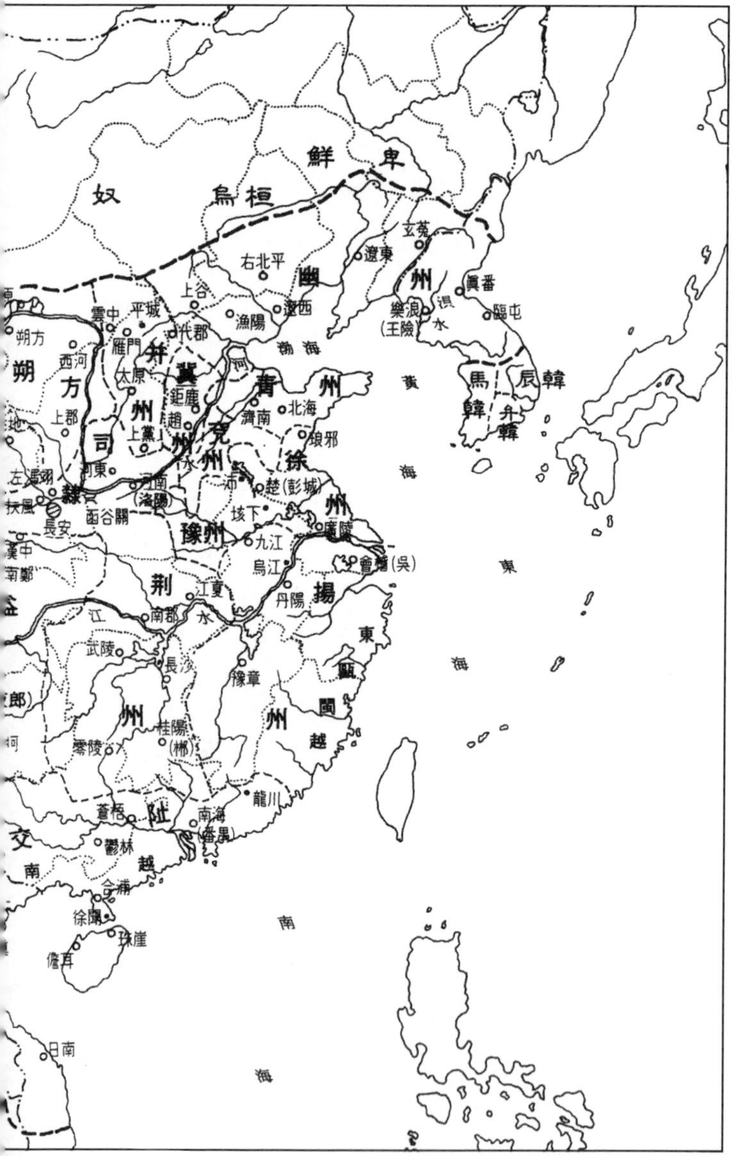
鮮卑
奴
烏桓
玄菟
遼東
右北平
幽
州
眞番
臨屯
上谷
雲中
平城
代郡
漁陽
遼西
樂浪
(王險)
浿
水
朔方
雁門
西河
并
冀
渤海
馬
韓
辰韓
弁韓
朔
方
太原
鉅鹿
青
州
黃
州
上郡
趙
濟南
北海
司
上黨
兗
州
琅邪
徐
河東
河南
(洛陽)
沛
楚(彭城)
海
州
左馮翊
隸
扶風
長安
函谷關
垓下
廣陵
豫州
九江
漢中
烏江
會稽(吳)
東
荊
江夏
丹陽
揚
南郡
水
江
東
武陵
長沙
甌
豫章
海
州
桂陽
(郴)
州
閩
越
零陵
龍川
蒼梧
南海
(番禺)
交
鬱林
南
越
合浦
徐聞
南
珠崖
儋耳
日南
海

西漢盛世疆域圖

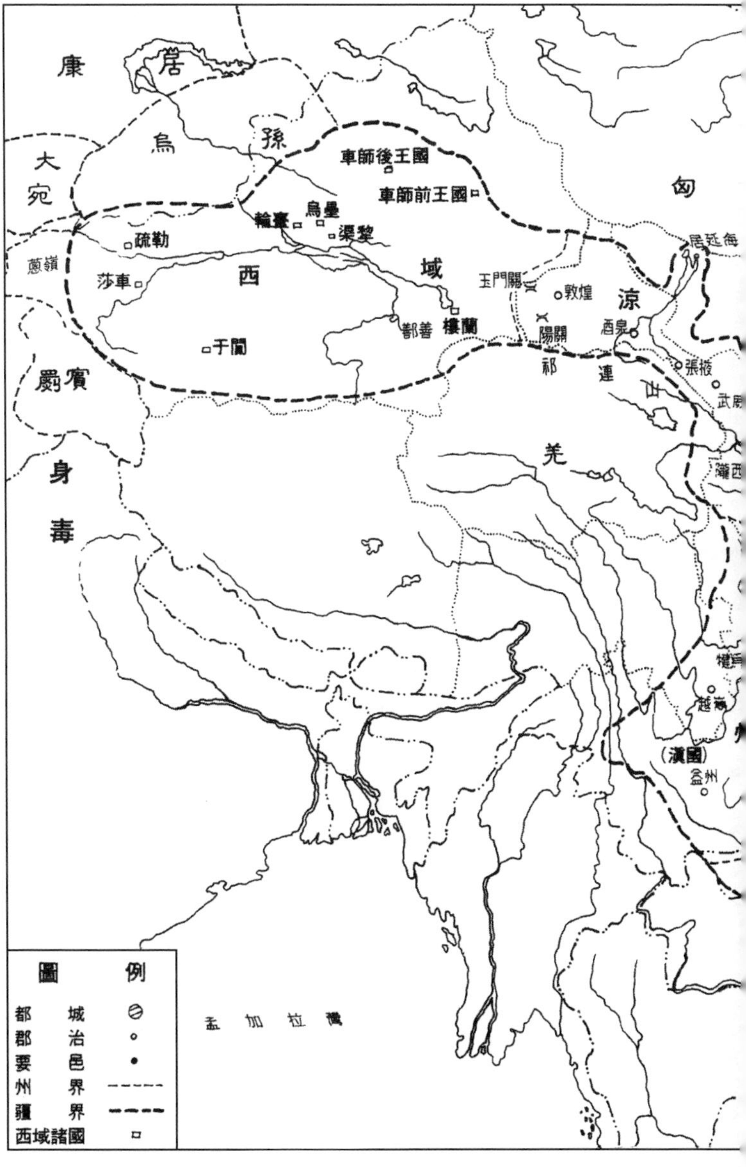
康
居
烏
孫
大宛
車師後王國
車師前王國
匈
烏壘
輪臺
渠黎
疏勒
蔥嶺
莎車
西
域
玉門關
敦煌
涼
居延海
酒泉
鄯善
樓蘭
陽關
于闐
罽賓
祁
連
山
張掖
羌
身毒
(滇國)
益州
孟加拉灣
圖例
都城
郡治
要邑
州界
疆界
西域諸國

五、東漢與匈奴的和戰

王莽篡漢後，改匈奴王號，匈奴復叛。王莽進討無功，關係決裂。漢光武初年，匈奴仍甚強盛，當時北方的割據勢力如盧芳等，都恃匈奴爲援。其後匈奴連年天災，發生內訌。漢建武二十四年（西元四八年），分裂爲南北二部：南匈奴降漢，漢遷其部衆於西河一帶（綏遠南境），成爲中國藩屬；北匈奴亦來乞和。

漢明帝時，北匈奴曾連西域兵入寇河西，漢以竇固進討，屯田伊吾盧（哈密）。章帝之時，北匈奴遭鮮卑、丁零攻擊，國中大亂，紛紛降漢[2]。南匈奴上書，請漢出兵討伐，俾南匈奴、北匈奴復歸統一，永久爲中國的藩屬。接著和帝即位，竇太后臨朝，於和帝永元元年（西元八九年）命竇憲、耿秉各統騎兵四千，聯合南匈奴及羌、胡兵三萬，分道北征，大破北匈奴。憲等出塞三千里，直抵燕然山（外蒙古杭愛山），刻石記功，立碑山上。永元三年（西元九一年），竇憲再伐北匈奴，大捷於金微山（外蒙古阿爾泰山），北匈奴單于率衆西走。此後南匈奴內徙，與漢人雜居，逐漸同化。到西晉時

2 據《後漢書》〈南匈奴傳〉：匈奴降漢者口二十萬，勝兵八千。

代，匈奴雖為五胡之一，但他們起而建國時，反而自稱曰「漢」了。

【研究與討論】

一、西漢初年為何與匈奴維持著和親的關係？
二、試繪簡圖表明漢武帝設置河西四郡的位置，並略述其意義。
三、東漢竇憲北伐匈奴到達何地？
四、研討蘇武為何贏得後人的尊敬。

第二節　西域的經營

一、西域的形勢

西域泛指玉門關、陽關以西之地，有廣狹二義。狹義的西域即今之新疆，主要為天山南路；廣義而言，除天山南路、天山北路外，並越蔥嶺（帕米爾）以西，包有今之中亞、西亞及印度。

漢武帝時，自玉門關以西，蔥嶺以東，小國林立。其中天山南路重要者有：樓蘭（羅布泊東南）、車師（又稱姑師，今吐魯番）、龜茲（音丘慈）（庫車）等國，均臣服於匈奴；天山北路則以烏孫爲大國。蔥嶺以西，以大月氏爲最大，其東北爲大宛（在錫爾河上游），西北爲康居（錫爾河下游）、奄蔡（裏海附近），西爲安息（伊朗境），更西爲條支（敍利亞及幼發拉底河以東），南爲大夏[3]，東南爲罽（音季）賓（喀什米爾），再遠爲身（音捐）毒（印度西北部）。

秦與漢初，月氏原居河西之地，頗爲強大。後因被匈奴所破，漢文帝時大部退出河西，遠徙伊犁河一帶，稱爲大月氏（音支）；留而未去的殘部，則號小月氏。漢武帝初年，大月氏又受烏孫所逼，去伊犁河南走，奪占大夏北部，即嬀水（阿姆河）上游以北之地，建大月氏國。大夏退處嬀水以南，臣屬於大月氏。

3 大夏即西洋史上的Bactria。據《漢書》〈西域傳〉稱：大夏位於嬀水以南，是城邑國家，人口多達百萬，各城邑自立小君長治理，人民怯於戰鬥，而精於商賈。

二、張騫的西使

漢武帝對匈奴用兵，得知月氏與匈奴有深仇[4]，因派張騫出使西域，擬聯合大月氏，夾擊匈奴。當時河西之地，仍爲匈奴所據。騫奉命西使，中途爲匈奴所拘，被留置十餘年，已經在匈奴娶妻生子，但仍不忘所負的使命，毅然乘隙脫逃，繼續西行，通過大宛，終於抵達大月氏。但大月氏在中亞新得嬀水北岸地區，土地肥沃，生活安定，已無意對匈奴報復。張騫停留年餘，交涉不得要領，於返國時復爲匈奴所得，被囚年餘，才於元朔三年逃歸，前後共計十三年（西元前一三九—一二六年）。他出發時有百餘人隨行，返國時僅剩下同伴一人而已。

張騫聯合大月氏夾擊匈奴的使命，雖未達成，但卻瞭解了西域的情勢，知道西域除大月氏外，尙有其他大國可結同盟。及漢武帝設置河西四郡，打通西域道路，張騫乃建議武帝連結烏孫，以斷匈奴右臂。因此再度西使，率副使隨從三百人，攜帶大批金幣、絲帛至烏孫。交涉雖無結果，但派遣副使分赴大宛、大月氏、大夏、安息，使諸國及烏

4《漢書》〈張騫傳〉云：「時匈奴降者言，匈奴破月氏王，以其頭為飲器，月氏遁而怨匈奴。」

孫遣使通漢，從此西域大通。

張騫兩次出使，引起漢武帝經營西域的興趣。此後接連遣使西域，一年之中，多者十餘次，少者五、六次，每次百餘人或數百人，遠抵條支、犁靬（羅馬東部）。其主要動機，除了政治因素外，亦在獲取經濟利益。由於使者的往返，使中國的絲帛西傳，西域的葡萄、苜蓿、胡麻、胡瓜，以及音樂、美術等亦相繼輸入中國。

張騫出使西域，歷盡艱險，史稱「鑿空」[5]。他等於替當時中國發現了一個新世界，在中西海道未通以前，對於溝通中西交通與促進文化交流，貢獻尤大，堪稱國史上偉大的探險家兼外交家。

三、西域的經略

西域之路雖然大通，匈奴在西域之威勢仍高於漢。樓蘭、車師二國，位於交通要衝，時攻劫漢使，爲匈奴耳目。漢武帝於元封三年（西元前一〇八年）西征，虜樓蘭王，破車師，控制西域門戶，這是漢對西域用兵的開始。

5《漢書》〈張騫傳〉，注引蘇林曰：「鑿，開也。空，通也。騫始開通西域道也。」

漢武帝對匈奴戰爭，需要馬匹，大宛產良馬（天馬、汗血馬），拒不奉獻，反殺漢使。太初元年（西元前一〇四年），命李廣利伐大宛，苦戰四年，終於迫使大宛投降，獻馬三千匹。於是西域各國震服，紛紛遣使入朝。漢於敦煌至鹽澤之間，沿途設亭（驛站），又在輪台（新疆輪台）、渠犁（庫車東）置屯田戍卒。漢宣帝時，復於車師屯田。神爵二年（西元前六〇年），匈奴日逐王來降，漢設西域都護於烏壘城（新疆輪台），以鄭吉爲都護，西域各國均奉號令。

四、東漢對西域的經營

王莽之亂，西域復成爲匈奴的勢力範圍。漢光武即位，以天下初定，無意對西域用兵。漢明帝時，竇固爲了對付北匈奴，屯田伊吾盧（哈密），並派班超出使西域，才又恢復了對西域的經營。

其時西域與漢隔絕已久，班超率吏士三十六人進入西域，先至鄯善（即樓蘭），而北匈奴使者亦至，班超以「不入虎穴，焉得虎子」的決心，率部衆乘夜襲殺匈奴使者，鄯善王懾服。繼而降于闐、疏勒等國。漢和帝永元三年（西元九一年），竇憲大破北匈奴，一向依恃匈奴的龜茲等國，亦向班超請降。漢授班超爲西域都護。西域五十餘國都

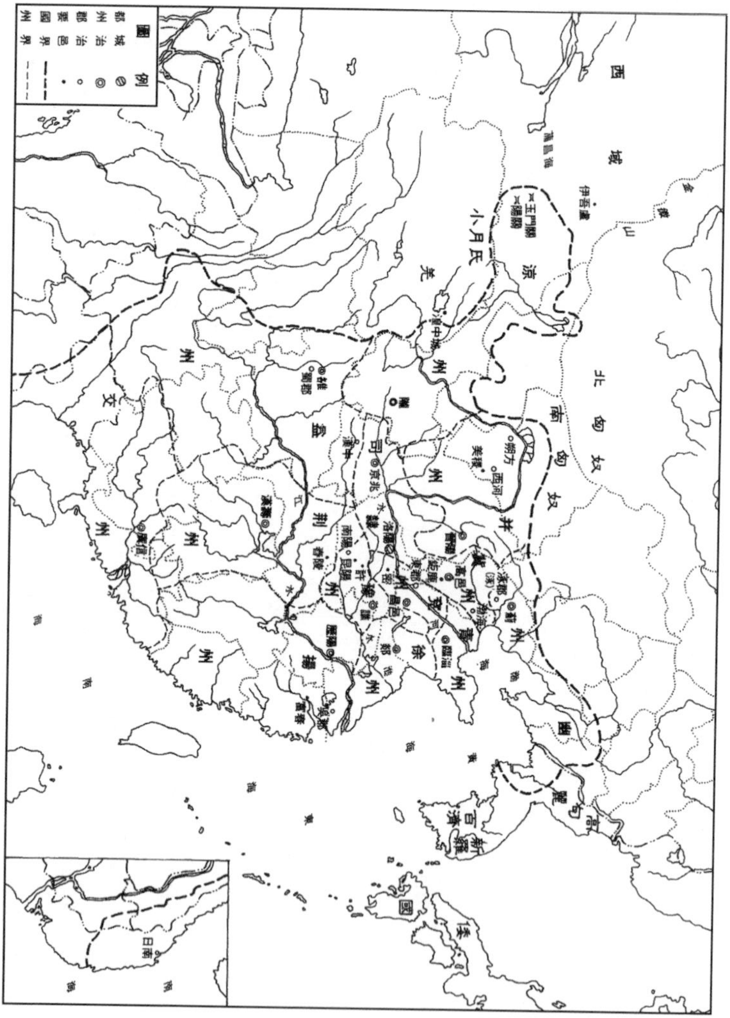

東漢盛世疆域圖

服從了漢朝，條支、安息皆來獻貢。班超擬進一步通使大秦（羅馬），派甘英經安息西使，行抵條支，臨大海未渡而還，漢與羅馬的外交關係未獲正式建立。

班超計自初使西域，至永元十四年（西元一〇二年）返國病死，在西域歷三十年之久，威震西域。班超之後，西域一度復叛，漢以班超之子班勇，重定西域諸國，但僅限於蔥嶺以東。東漢中期以後，朝政日壞，無力西顧，西域諸國相繼叛去。

【研究與討論】

一、漢武帝時代，西域的形勢如何？

二、張騫西使的目的何在？影響如何？

三、西漢征伐西域遠至何地？設西域都護有何意義？

四、研討班超經營西域的成就。

五、有關張騫和班超的事蹟，主要記載在正史何書？試以課餘時間加以閱讀並在老師指導下報告讀後心得。

第三節　西南東北與南海的開發

一、南越的平定

戰國秦漢之際，越人散布今浙、閩、兩廣及越南北部一帶，其中散居今浙江南部者又稱東甌（東越），在福建者稱閩越，散居兩廣和越南北部者稱南越（粵）；統稱百越。

秦併滅六國，將東甌、閩越併入版圖，設閩中郡。平定百越以後，於其地設南海（廣東番禺）、桂林（廣西桂林）、象郡（越南北部）三郡，正式納入中國版圖。

秦末大亂，南海郡龍川縣（廣東龍川縣）令趙佗，併南海、桂林，象郡，自立為南越武王。漢高祖即位，曾遣使前往說服趙佗，接受漢的冊封，立為南越王。呂后時，趙佗進號稱帝，北寇長沙邊境。文帝即位，力事懷柔，趙佗又取消帝號，稱臣內屬。

趙佗以後，南越對漢依然恭順，至漢武帝時，南越相呂嘉反漢。元鼎五年（西元前一一二年），漢武帝命五路發兵進討，次年會師番禺（廣州），俘呂嘉，南越全定。漢以其地分置南海、合浦（均在廣東境）、儋耳、珠崖（均在海南島）、蒼梧、鬱林（均在廣西境）、交阯、九眞、日南（均在今越南北部、中部）等九郡，南越再度收入中國版圖。

漢初，閩越叛服無常。漢武帝伐南越，閩越暗助南越。南越平定後，武帝繼將閩越討平，徙其民於江淮之間。

東漢初年，南越再叛。漢光武帝遣馬援往討，平定交阯。馬援爲東漢名將，有「窮當益堅，老當益壯」的豪氣。他在交阯，把中國建造城邑、穿渠灌溉的技術，介紹給越人，助其漢化；又將當地不合理的法律，奏請朝廷修正，使越人遵守。此後終東漢之世，南越未再發生變故。

二、西南夷的平定

「西南夷」是秦漢之際散布在今雲、貴、川、康一帶的少數民族。分爲許多小國，如夜郎（貴州桐梓）、邛（音瓊）都（西康西昌）、滇國（雲南晉寧）等皆是。

西南的開拓，始於戰國的楚和秦[6]。但對西南夷的大規模經營，則始於漢武帝，這與南越、西域的問題有連帶關係。

武帝建元六年（西元前一三五年），因伐閩越，派遣唐蒙往使南越。蒙至南越，發現蜀地出產的枸醬，詢知係從夜郎國販至南越，乃上書武帝，建議通夜郎以制南越。武帝遂命唐蒙率兵千人，招撫夜郎，置犍爲郡。南越平定後，武帝遣兵擊滅且蘭（貴州平越），置牂牁郡。西南夷震恐，紛請內附，漢乃分別於其地置郡[7]。

張騫自西域歸來，言在大夏時曾見到蜀布及邛竹杖，據說來自大夏東南的身毒國（印度），因建議由蜀求身毒以通大夏，可免受匈奴阻撓。武帝乃遣使通身毒，至滇受阻而回。元封二年（西元前一〇九年）發兵擊滇，滇王請降，置益州郡。

三、朝鮮的平定與倭奴入貢

朝鮮與我國關係發生極早，周初封殷宗室箕子於朝鮮。戰國時朝鮮臣屬於燕。秦

6 戰國時代，楚將莊蹻入滇池，後因秦國占領了巴郡與黔中郡，斷其歸路，因而做了滇王。自秦將司馬錯收取蜀地，太守李冰父子大興水利，對於四川的開發關係至大。

7 漢於邛都置越嶲郡，於筰都置沈犁郡，於冉駹置汶山郡，於白馬置武都郡。參《史記》〈西南夷列傳〉。

末，中原大亂、燕、齊、趙人前往避難者數萬。漢初，燕人衛滿聚黨千餘人，渡浿水（清川江）襲逐朝鮮王箕準，自立為王，但仍為漢外臣。傳至其孫衛右渠，招納漢朝叛亡，阻絕附近小國向漢朝入貢，侵寇遼東。元封二年，漢武帝遣將討伐朝鮮。次年定其地，分置眞番、臨屯、樂浪、玄菟四郡，轄有朝鮮半島北部。半島南部則分為馬韓、弁韓、辰韓，稱為「三韓」，也都臣服中國。

漢武帝以後，朝鮮半島逐漸發生變化。至西漢末年，朝鮮半島遂成新羅、百濟、高句麗三國分據的局面。其中高句麗仍臣屬於漢，東漢以後時降時叛。漢獻帝時，為遼東刺史公孫康討破。

漢武帝設樂浪郡，成為朝鮮半島和日本至中國的交通孔道，當時朝鮮半島南部的三韓及倭（日本）人，多至樂浪郡，然後經遼東到洛陽。東漢光武帝中元二年（西元五七年），倭奴國奉貢朝賀，光武賜以「漢委（倭）奴國王」印。此後倭人不時遣使朝貢，中日間交通大開。

四、南海交通

自從漢武帝平定南越，設置九郡，與南海的交通和貿易也隨著展開。南越的番禺（廣州），徐聞（廣東徐聞）、日南（越南順化）都是當時對外的交通要地，商船航行南海，均自此出發，經馬來半島，遠至印度東岸的黃支國。這種航行是經常之舉，政府特設「譯長」經理。遠航者攜帶黃金及雜繒（各種絲織品），以交易明珠、璧、流離（琉璃）及奇石異物，南海各國前來貿易或入貢者極多[8]。史載東漢桓帝延熹九年（西元一六六年），大秦王安敦（Marcus Aurelius Antoninus）也遣使由海道至日南，然後由日南到洛陽來獻。不論其是否爲正式使者，或係商人冒充，足見當時中國與南海航路的大通。

【研究與討論】

一、南越於何時收入中國版圖？

二、漢武帝於南越置有何郡？於朝鮮置有何郡？

三、研討漢武帝如何經營「西南夷」。

四、試以漢武帝時代的疆域版圖與近代中國的疆域版圖做一比較，並寫出自己的感想。

8 當時重要國家除了黃支國外，尚有撣國（緬甸）、葉調（爪哇）、天竺（印度）等。

第八章 兩漢的制度與學術

第一節　制度與民生

一、中央官制

漢初官制大體因襲秦代，中央仍設丞相、太尉、御史大夫，通稱「三公」。丞相有時亦稱相國。漢武帝時，改太尉爲大司馬，由大將軍兼領。到西漢晚年，大司馬大將軍已成爲實際掌握政權之人。東漢光武帝中興，鑑於權臣竊國，一切政務改歸尙書負責，尙書令實際上等於西漢初年的丞相[1]。

二、地方制度

西漢初年，鑑於秦亡之速，主要原因是行郡縣制度，而周朝享國之久，實得力於封

1 尚書原為「九卿」之中少府的屬吏，秩位本來很低，但因係皇帝近臣，地位漸趨重要。光武帝把政務全歸尚書，尚書之辦事機關稱尚書台，主管官稱尚書令。

建，兩者各有利弊，漢高祖乃採折衷辦法：第一是王國的丞相由朝廷派遣，統御衆官。第二是中央的直轄區域擴大，仍置郡縣；王國之內，亦置郡縣，但租稅、徭役和大部分政權均操於諸侯王，這就是「郡國並行」制度。

七國亂平，諸侯王的官吏，都由朝廷直接任免，權力大削。漢武帝時，復積極施行「推恩」、「衆建」政策，王國大不過一郡，侯國不過一縣，諸侯王僅有其名，並沒有實際的統治權，已與富室無異，封建名存實亡。

漢代郡縣制度以郡統縣，與秦無異。武帝時，合數郡爲一州，全國共十三州[2]，各州置刺史一人，巡察所屬郡國。其性質爲監察官而非行政官，既無一定治所，亦不干涉行政，只代表朝廷監督地方。

東漢郡縣制度與西漢相同，州亦置刺史。但中期以後，刺史已有固定治所，並有署吏、治獄之權。至東漢晚期，刺史已演變爲地方最高長官。

2 十三州是：豫州、兗州、徐州、青州、冀州、幽州、并州、揚州、荊州、益州、涼州、朔方、交阯。京畿別置司隸校尉。

三、兵制

漢的兵制，京師置南北二軍，南軍守衛宮城，北軍守衛京師。地方則有輕車、騎士、材官（步兵）、樓船（水師），邊地有屯田兵。

西漢初行徵兵，民二十三歲服役，爲期兩年，役畢可返鄉就其本業，有事徵召，五十六歲免役。武帝以後漸行募兵。

四、選舉

選舉是漢代選才任官的制度，可分徵辟與察舉。徵辟是朝廷聘請有才德的高士，授以官職，屬於特殊榮譽。察舉是士人晉身的正途，可分兩類：一是由天子特別標明科目，令公卿郡國舉薦賢才。如漢文帝時，詔舉「賢良方正」、「直言極諫」之士等即是。漢武帝以後各朝，都以選「賢良」爲主。這種特科，屬於詔舉，並無定期。二是州郡依其戶口多少按時向朝廷薦舉人才。漢武帝採董仲舒之議，令天下郡國每年舉孝子、廉吏各一人，其後規定郡國每年必須薦舉「孝廉」。「孝廉」之舉，遂爲定制。東漢初年，「孝廉」仍歲舉二人。中期以後，歲舉的人數改以各郡人口爲準。東漢順帝時，因選舉漸濫，規定年滿四十歲者，始得察舉為「孝廉」，並由政府加以考試。

五、社會與民生

漢初，承大亂之後，民生凋敝，史稱「自天子不能具醇駟，而將相或乘牛車」[3]。經過高祖至文景時代的休養生息，國家財富雖增，但農民生活仍甚艱苦，這與商人的剝削兼併關係很大。他們獲致巨富以後，漸次兼併農民土地，以致富者田連阡陌，貧者無立錐之地。學者多主張予以裁抑。高祖時令「賈人不得衣絲乘車」，呂后時規定「市井子孫不得仕宦為吏」，文帝時賈誼、鼂錯等都曾提出重農抑商的主張。武帝時董仲舒建議限民名田（置田產），其經濟措施，如鹽、鐵、酒專賣，均輸、平準等，對商人頗多抑制作用。不過，漢代重農抑商的政策並未收到很好的效果。例如漢初禁止商人子孫仕宦為吏，但後來為武帝推行財政政策的桑弘羊，就是商人之子。

3見《漢書》〈食貨志〉。

【研究與討論】

一、何謂郡國並行制？
二、研討漢代刺史的職權有何演變。
三、漢代薦舉「孝廉」的辦法如何？
四、研討漢初如何實行「重農抑商」政策。

第二節　學校與經學

一、太學與郡國學

漢代學校有太學與郡國學。太學是中央設立的國立大學，郡國學則屬於地方教育。漢武帝罷黜百家，獨尊儒術，分置《詩》、《書》、《禮》、《易》、《春秋》五經博士，另置博士弟子員（太學生）五十人，從博士誦習經書，每年考試一次，成績優良者，可以爲官。其後名額時有增加，漢成帝末年，增至三千人。王莽時代，又增設《樂》經博士，每經各爲五人，並爲太學弟子築舍萬區。東漢光武帝於京師設太學，明帝、章帝繼起提倡，太學大盛。東漢中期，大修太學，太學生多達三萬餘人。匈奴也遣子弟入學。

太學設在京師，太學生的來源有二：一是由朝廷在京師直接挑選，一是由郡縣在地方選送。挑選的標準是：年滿十八歲、儀表端正、好文學和品德優良等，加以綜合考察決定，不分貴族與平民。修業年限視成績而定。

漢代郡國學的設立，始於景帝之時。蜀郡太守文翁在成都設立學校，招收下縣子弟以爲學官弟子[4]，免除其傜役，成績優良者，補爲郡縣吏，數年之間，文教大盛。漢武帝對文翁的措施頗爲讚許，下令郡國模仿，皆立學官，但尚未成爲制度。漢平帝時，王莽當政，正式規定地方官學名稱：郡國曰學，縣及侯國曰校，鄉曰庠，聚曰序，地方學制乃告成立。各郡太守多努力興學。民間私人講學之風亦盛，名師授徒，往往多至數百

---

4 見《漢書》〈循吏傳〉。

至千餘人。

二、經學

漢武帝尊崇儒學，雖不禁止學者兼治諸子，但太學與博士學官，則限於講習經學，所以造成經學的特盛。

先秦的經籍，經過秦始皇焚書和項羽火燒咸陽，損毀殆盡。漢初，由於經書散亡，文帝時，由老師宿儒憑記憶口授，用當時通行的隸書寫定，是即所謂「今文經」。後因說經者日眾，彼此解釋不同，往往同是一經，又分為數家，當時博士學官所講授的都是今文經[5]。

武帝末年，魯恭王在曲阜孔子宅的牆壁中，發現許多經典，因係用漢以前使用的「古文」寫成，所以稱為「古文經」，其中以尚書為最重要。古文經與今文經除了文字不同，內容也有差異。私家說經，大多採用古文；指今文經為經師所傳授，頗多闕誤，須以古文為準。哀帝時，劉歆建議將古文經也列於學官，遭到博士和朝臣的反對，於是

5 西漢總計立為學官的五經博士凡十四家。東漢光武帝仍立十四個今文博士。

漢代經學有今古文之爭。王莽執政，古文經始得立於學官。光武中興，又取消古文學官，僅立今文博士。但東漢時代，私人講授，漸趨重視古文，著名的學者如馬融、許慎都治古文經。今文家專尚微言大義，古文家詳於章句訓詁。東漢末年，鄭玄注經，今古文兼治，他是集今古文經學的大師，對經學的貢獻最大。

兩漢的經學，由於政府提倡與學者的闡述整理，最爲發達，所以學者稱兩漢爲經學時代。

【研究與討論】

一、何謂博士？何謂博士弟子員？
二、研討兩漢學校的盛況。
三、何謂今文經？何謂古文經？
四、文翁和鄭玄各以何著名？
五、兩漢經學的成就，有何特殊的意義？試從秦焚書以後加以探討說明。

第三節　文史哲學與科技

一、文學

漢代文學，以賦[6]、詩和散文最爲發達。漢賦係由《楚辭》衍出。西漢時代，著名的賦家，首推司馬相如，其他如賈誼、東方朔、揚雄等亦皆長於賦的寫作。東漢則以班固、張衡爲代表。班固著《兩都賦》，張衡著《兩京賦》，最爲有名。

漢代是五言詩的產生時代，以「古詩十九首」爲五言詩最早的代表作。武帝時，又置新聲樂府，採集朝廟樂章與民間歌謠。東漢時，五言詩的創作益多，《孔雀東南飛》是一首一千七百多字的長篇敍事詩，是五言敍事詩中的巨構。至於散文，可以司馬遷、班固爲代表。司馬遷的《史記》、班固的《漢書》，不僅是史學名著，也是後世文章的師法。

---

6 賦是介於詩與文之間的一種文體。

二、史學

漢代史學尤爲發達。《史記》與《漢書》開創了史書的新體裁，影響後世至巨。《史記》作者司馬遷，漢武帝時人，綜合古今史料，創爲紀傳體，敘事以人物爲中心。內容分爲本紀、表、書、世家、列傳等五項，共一三〇篇；起自黃帝，終於漢武，是我國第一部貫穿古今的通史。東漢班固所著《漢書》，專記西漢一代的事，起自漢高祖，終於王莽滅亡；其體裁仿《史記》，亦爲紀傳體，是我國第一部斷代史[7]。此後各朝代的正史，均以漢書爲範本。

三、哲學

兩漢時代，陰陽五行思想盛行。淮南王劉安召集學者賓客所著《淮南子》，其學說雖以道家爲主，實已攙雜陰陽思想。漢武帝之後，雖以儒家思想爲主，但漢儒講經，多

7《漢書》體裁仿自《史記》，主要指紀傳體而言。至於其他，亦有異於《史記》者，例如：《漢書》無〈世家〉，而〈藝文〉、〈地理〉諸志又為《史記》所無。〈古今人表〉始於太昊伏羲氏，更有違「斷代」為史之意。

喜歡附會陰陽五行。董仲舒世稱爲西漢之儒者，所著《春秋繁露》，充滿了陰陽災異的思想。其後，更流行讖緯之說，假託經義以推究災異祥瑞、天人感應等，充滿了迷信的色彩。

東漢學者已富有懷疑與批評的精神。例如王充著《論衡》一書，對於當時流行的陰陽災異，以及種種虛妄迷信之說，痛予抨擊，爲東漢一代的大思想家。又如桓譚不信讖緯；王符著《潛夫論》、仲長統著《昌言》，對於政治與社會提出許多批評。

四、科技

漢代在科技方面，有許多重大的成就，分述如下：

㈠天文曆算

漢代天文曆算的知識，極爲進步，許多學者都兼精天文曆算。東漢張衡曾做渾天儀，用以推算七曜（日、月及金、木、水、火、土五行星）的運行；又造候風地動儀，能測知地震的方向和所在，是漢代傑出的大科學家，可惜他的製作都已失傳。

(二)造紙術

我國古代的書寫工具，或用竹簡，或用縑帛，稱之爲「紙」。縑貴而簡重，不便流通。東漢和帝時，宦官蔡倫長於造紙，曾用樹皮、麻頭、敝布、魚網等造紙，於元興元年（西元一〇五年）正式奏上。這是書寫工具的劃時代改進，對於促進學術進步與知識的傳布，貢獻至大。造紙術是人類文明史上的大事，這種先進的技術，經過了一千多年，才傳到歐洲[8]。

(三)醫學

我國醫學發達很早，至漢而極盛。漢文帝時，倉公（淳于意）爲臨淄名醫，精於診脈。東漢的張機（字仲景）著有《傷寒雜病論》行世，後人奉爲醫聖。華佗則精於針灸與解剖，凡針藥不能治療的病，就先施麻醉，然後「刳破腹背，抽割積聚」，再加以縫合，敷以「神膏」，是一種極高明的外科手術。華佗又教人注重運動，以健身除病。

8 造紙術於西元八世紀中葉傳至阿拉伯，約於十二世紀經西班牙傳至歐洲。

㈣紡織工藝

漢代紡織技術十分進步，絲織品與刺繡織工極細，深爲匈奴及西域、歐洲諸國所喜愛，漢廷常以此作爲賞賜之用。漢使及商賈經西域將絲織品販往西方，成爲對外輸出的重要物品。據學者研究，漢代紡織技術的水準，波斯及歐洲一直到幾個世紀以後方能趕上。

【研究與討論】

一、漢賦的重要作家有哪些？
二、研討《史記》、《漢書》有何不同，及在史學、文學上之地位。
三、造紙術為何時、何人所發明？有何意義？
四、研討下列諸人的重要事蹟：
(1)王充
(2)張衡
(3)華佗

第九章

魏晉南北朝的分合

第一節　三國鼎立

一、漢末州郡割據與曹操

漢末黃巾亂起，朝議認爲地方武力太弱，決定賦予州牧、刺史兵馬大權，於是漢末州郡都擁有自己的武力。自董卓專擅朝政，各州郡起兵討伐董卓，卓挾獻帝西遷長安，州郡遂脫離中央，形成群雄割據之局[1]。東漢的統一帝國，陷於分崩離析，最後分別見併於曹操、孫權、劉備。

曹操字孟德，爲人機詐，富於權謀。董卓之亂，曾起兵討卓。其後群雄割據，操曾擊破黃巾餘黨，據有兗州，自稱兗州牧；擁有「青州兵」三十萬[2]，勇敢善戰，即以兗

---

1 當時重要的割據勢力計有：袁紹據冀州，公孫度據遼東，曹操據兗州，袁術據揚州，劉表據荆州，劉焉據益州，孫策據江東，公孫瓚據幽州，陶謙據徐州（謙死，先後為呂布、劉備所據），馬騰、韓遂據涼州，張繡據南陽，張魯（劉焉部下）據漢中。

2 漢末兗州刺史原為劉岱，後為黃巾餘黨所殺，曹操率所部擊潰黃巾餘黨，收其青州精壯，號「青州兵」。

州爲根據地，次第發展。董卓被殺，漢獻帝從長安逃回洛陽，曹操即率兵勤王，奉迎獻帝，遷都於許（河南許昌），遂得以「挾天子以令諸侯」，控制中原。他鑑於黃巾亂後，人民流徙，田園荒廢，於是在許昌募民屯田，積存足夠的軍糧；先攻占南陽，再東取徐州，擒斬呂布，消滅壽春（安徽壽縣）的袁術，然後在官渡（河南中牟）與袁紹決戰。曹操兵力遠不及袁紹，但採突擊戰略，以寡擊衆，大敗紹軍，併有冀、青、幽、并四州；繼而北征烏桓，徹底消滅袁氏殘餘勢力，於是華北大部分州郡爲曹操所據。

二、赤壁之戰

曹操統有華北以後，南取荊州，謀統一天下。結果被孫權與劉備的聯軍在赤壁打敗。

孫權字仲謀，爲人器度宏朗，能知人善任。其父孫堅，在漢末爲長沙太守，後與荊州劉表相攻，戰死。其兄孫策英明有爲，趁中原動亂，結合志士，據有江東之地。孫策死，孫權繼領其衆，有周瑜、魯肅等人分主軍政，在江東頗有穩固的基礎。

劉備字玄德，爲漢景帝的後裔；曾討黃巾有功，原無固定的據地，流離顛沛；曾一度爲徐州牧，先後依附過曹操、袁紹，最後投奔荊州劉表，屯駐新野（河南新野）。劉備在群雄中勢力最弱，但能以誠待人，禮賢下士，在荊州時，得到大政治家諸葛亮為之策劃。亮分析天下大勢，認為先占領荊州、益州為根據地，內修政治，撫和戎越，東結孫權，然後待機北伐中原，則復興漢室的王業可望完成[3]。

建安十三年（西元二〇八年），曹操大軍南下，適劉表卒，子劉琮以荊州降操。劉備敗走，遣諸葛亮至江東聯合孫權，共同抗操。孫權聽魯肅、周瑜之言，決心與劉備合力抗拒。此時曹操兵力約三十萬，但北方士眾不習水戰；長途遠征，補給困難；水土不服，多生疾病。孫、劉聯軍合計不足五萬，但以逸待勞，抱必死之決心。兩軍相遇赤壁（湖北嘉魚），初一接戰，曹軍不利，周瑜以快船突襲，縱火焚燒曹軍的船艦，延及岸上軍營，曹軍大敗，退回北方。

赤壁之戰是決定三國鼎立的關鍵。曹操南下受阻，轉而經營西北，占據關、隴；劉備乘機取得荊州大部，並進軍巴、蜀，占領益州，進而向北奪取漢中；孫權於戰後在江東的基礎更為穩固，並趁著坐鎮荊州的關羽北伐之際，襲取荊州，關羽敗死。於是荊州

3 諸葛亮，字孔明，琅邪陽都（山東沂水縣南）人，後徙居南陽之隆中山（今湖北襄陽縣），以耕讀為業，深明時勢，有「臥龍」之稱。備訪亮，凡三往，乃見。亮為劉備所提供的意見，即著名的「隆中對策」，三國局勢，大致依此而演變。

以東，全歸孫權；劉備僅有益州、漢中；曹操控有黃河流域，天下三分的形勢，至此形成。

三、三國的建號

建安二十五年（西元二二〇年），曹操卒，子曹丕篡漢，國號魏，都洛陽，是為魏文帝。翌年，劉備為了繼續漢室的正統，稱帝於成都，仍以漢為國號，史稱蜀漢昭烈帝。劉備於稱帝之後，為報關羽敗死之仇，率兵伐吳，為吳將陸遜所敗，死於白帝城（四川奉節）（西元二二三年）。子劉禪嗣位，是為後主，丞相諸葛亮受詔輔政。孫權也於劉備死後六年，正式稱帝（西元二二九年），國號吳，是為吳大帝，都建業（南京）。至是，三國的名號正式出現。

四、諸葛亮的北伐

諸葛亮自受詔輔政，便以討賊興漢為己任，對內開誠心，布公道，厲行法治，整飭綱紀，獎勵農桑，息民練兵，以作為北伐中原的準備；對外則聯合孫權以牽制曹魏。一切努力，都以復興漢室為目標。蜀漢當劉備新喪之時，南方諸郡的蠻人，乘機叛亂，諸葛亮乃親自南征，渡過瀘水（長江上游），抵達滇池。蠻族豪酋孟獲感其恩威，不復爲亂。南中平定，已無後顧之憂。即以漢中爲基地，前後多次出兵伐魏，謀取關中，結果由於糧運不繼，都未能如願。建興十二年（西元二三四年）全軍大舉，據武功五丈原（陝西郿縣東），分兵屯田，與魏將司馬懿對峙，仍難進展，終以憂勞成疾，於是年病歿軍中。諸葛亮雖然齎志以歿，但他謀國的忠貞，和「鞠躬盡瘁，死而後已」的精神，令後人無限尊敬。

五、三國對邊疆的經略

三國鼎立時代，各國對邊疆的經營，在我國歷史發展的過程中，頗具有重大的意義。蜀漢疆域，約當今川（四川）、黔（貴州）、滇（雲南）三省及陝、甘的一部分，西漢在西南夷設郡，但並未積極治理。諸葛亮平定「南蠻」，以感化政策令其心悅誠服，滇、黔等省亦隨之進一步開發。

孫吳立國江東，對於我國東南地區的開發，貢獻最大。東吳境內，「山越」民族分布極廣，自西漢以來不受政府治理。三國時代，起而爲亂，魏國還不時勾結他們以爲內應。孫權全力討平，增置郡縣，遍布浙（浙江）、閩（福建）及贛（江西）、湘（湖

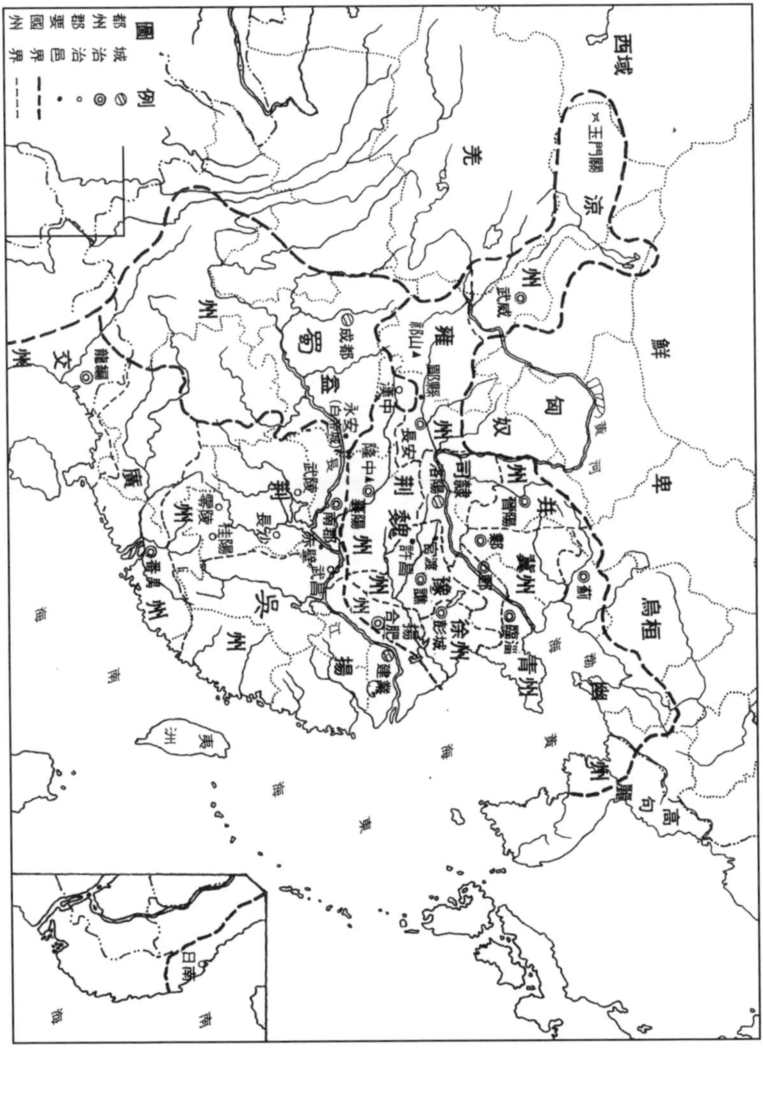
圖例
都城
州治
郡治
要邑
國界
州界
西域
玉門關
涼州
武威
鮮卑
匈奴
烏桓
羌
雍州
蜀
成都
益州
漢中
長安
洛陽
司隸
并州
晉陽
冀州
鄴
青州
臨淄
徐州
彭城
豫州
譙
許昌
魏
荊州
襄陽
南郡
武陵
長沙
桂陽
零陵
吳
揚州
建業
合肥
武昌
赤壁
廣州
番禺
交州
龍編
幽州
薊
高句麗
夷洲
日南

三國形勢圖

南）、粵（廣東）、桂（廣西）等省，並分交州[4]之地，別置廣州，大收海外貿易之利，並進而遣使南海。吳大帝黃龍二年（西元二三〇年）派甲士萬人浮海求夷洲，得夷洲人數千。夷洲即台灣[5]。

曹操於漢末曾降服匈奴，分其衆爲五部；又曾親征烏桓，併有遼西。遼東的開發與三國時代，也有很大的關係。那時中原人士流徙遼東的很多，學者如管寧等人，避難遼東，初居山谷間，避難人士都依他而居，很快發展成村落。他又講詩書、習禮儀，提高了當地人民的文化水準，很受割據遼東的公孫度所優禮。魏明帝時，司馬懿討滅割據遼東的公孫淵（公孫度之孫），其後幽州刺史毌（音冠）丘儉兩伐高句麗，破其都城，魏的勢力達到朝鮮半島北部，倭女王遣使入貢，受封爲「親魏倭王」，一再來獻。

4 今日的廣東、廣西及越南北部。

5 正史如《三國志》《吳書》〈孫權傳〉、《後漢書》〈東夷傳〉皆作「夷洲」，今人著作中亦有偶作「夷州」者。

【研究與討論】

一、漢末州郡割據如何形成？
二、研討曹操如何統一北方。
三、赤壁之戰的影響如何？
四、諸葛亮復興漢室的計畫如何？他為何贏得後人尊敬？
五、研討魏、蜀、吳三國對於邊疆的經營。

第二節　西晉的統一與內亂

一、西晉的短期統一

諸葛亮的北伐，主要被魏將司馬懿所拒，諸葛亮死，蜀漢暫時未能北伐。魏遂利用此一時期，遣司馬懿平遼東的公孫淵，司馬懿由是威望日隆。魏明帝臨終，遺詔以司馬懿與魏宗室曹爽輔政。明帝死，司馬懿誅殺曹爽，自爲丞相，專擅魏政。其子司馬師、司馬昭相繼當權，擅行廢立，魏的政權全落入司馬氏之手。

蜀漢自諸葛亮死後，姜維繼握兵權，屢出兵伐魏，皆爲司馬師、司馬昭所拒；而後主劉禪昏庸無能，信任宦官，國政日壞。於是司馬昭遣鍾會、鄧艾分道來伐，後主出降，蜀漢亡，共四十三年（西元二二一—二六三年）。

司馬昭既滅蜀漢，因功封晉王。司馬昭死，子司馬炎篡位，國號晉，是爲晉武帝，仍都洛陽，魏亡，共四十六年（西元二二〇—二六五年）。

自蜀漢滅亡，三國彼此牽制的形勢，失去平衡，東吳處境益危。而孫權死後（西元二五二年），內部不安，三傳至孫皓，荒淫凶暴。晉使羊祜（音戶）鎮襄陽，待機滅吳，吳幸有名將陸抗坐鎮荊州抵禦。陸抗死後，羊祜建議征吳，舉杜預自代。晉武帝乃命杜預、王濬伐吳，直下建康，孫皓出降。計自孫權稱帝至吳亡，凡五十二年（西元二二九—二八〇年）。

自漢末群雄割據，將近百年的分裂局面，雖然統一於晉，但爲時甚爲短暫。十餘年後晉室內爭，繼而爆發了「八王之亂」。接著五胡亂起，中國自此陷於長期的分裂。

二、晉武帝的措施與八王之亂

晉武帝司馬炎才具平庸，他能夠成爲一代的開國君主，完全憑藉其父、祖所奠定的基礎；天下統一後，荒怠縱恣，政治腐敗，社會風氣侈靡。其在政治上的措施，以下列兩點影響最大：

一、實行封建：晉武帝鑑於晉的篡位輕易成功，實由於曹魏未行封建，以致王室孤立無援，政權旁落。所以即位後，大封宗室及子弟爲王，以郡爲國。諸王在自己的封國，得自選文武官吏，並擁有自己的軍隊；於是諸王成爲一方諸侯，朝廷難以節制。

二、撤除州郡武備：晉武帝鑑於漢末州郡兵權太重，演變而成群雄割據，所以在太康元年（西元二八〇年）平吳之後，認爲天下已定，即撤除州郡武備。大郡置武吏百人，小郡五十人。這樣的兵力，連應付地方盜賊都嫌不足。

由於上述措施，使封建諸王各擁有強兵，王國的軍隊成爲國家的主要武力，遂造成外重內輕之局。由於諸王對於朝政多有野心，其後遂釀成「八王之亂」。

晉武帝死後，惠帝繼位，昏愚異常[6]。楊太后之父楊駿輔政，專斷自爲。惠帝皇后賈氏，爲佞臣賈充之女，爲人凶悍陰狠，素懷干政野心。她先聯合楚王司馬瑋，殺輔政楊駿，共推汝南王司馬亮輔政。又聯合楚王殺汝南王，最後以楚王擅殺的罪名誅除楚王，把持朝政，並廢殺太子，淫虐日甚。賈后的亂政，揭開了司馬氏自相殘殺的序幕。

永康元年（西元三〇〇年），趙王司馬倫舉兵誅賈后，總攬朝政；翌年，廢惠帝自行稱帝。於是引起成都王司馬穎等各王的不滿，聯合起兵攻殺趙王，迎惠帝復位。此後惠帝在諸王反覆不斷的內爭中，先後被成都王挾持播遷至鄴及長安。最後東海王司馬越聯合王浚攻入關中，迎惠帝回洛陽，掌握大權。不久，惠帝被弒，懷帝繼位。自賈后亂政以來，司馬氏骨肉相殘，歷時十六年之久，史稱「八王之亂」[7]。

「八王之亂」是導致西晉覆亡的重要原因，在諸王內訌期間，皇帝成爲被挾持的俘虜，朝廷則成無政府狀態。中樞既無領導中心，地方也陷於一片混亂。其次，諸王每次發動政變或彼此之間的衝突，都爆發激烈的戰爭和殘酷的殺戮，使諸王所擁有的強兵，

---

6 晉惠帝聞人餓死，謂：「何不食肉糜？」

7 八王一般為：汝南王司馬亮、楚王司馬瑋、趙王司馬倫、齊王司馬冏、長沙王司馬乂、成都王司馬穎、河間王司馬顒、東海王司馬越。一說有淮南王司馬允與梁王司馬彤，沒有汝南王與楚王。

自相殘殺殆盡，及五胡的大禍繼起，晉室已沒有足夠平亂的武力了。

三、五胡及其分佈

自兩漢以來，塞外部族移徙邊境及內地者，日漸增多。這些部族統名為「胡」，其中匈奴、羯、羌、氐、鮮卑又號稱「五胡」。西晉初年，「五胡」的分布大致是：匈奴居於今山西境內，羯居於今山西的東南境[8]，羌居於今隴東及關中，氐居於今隴南以及陝西西南境，鮮卑居於今遼東到河西的塞外。

「五胡」分布各地，與漢人雜處，由於生活習慣不同，治理本為不易；而地方豪強又往往加以侵凌，因此常激起胡人憤怨，易生事端；有識者早已引以為憂，而提出徙戎的主張。例如晉武帝時，郭欽建議把雜居內地的胡人移於邊區；惠帝時，江統著《徙戎論》，主張把羌、氐、匈奴徙於塞外。朝廷都未能採納，實際上實行也有困難。

8 羯居於上党武鄉之羯室，羯室在今山西省遼縣。

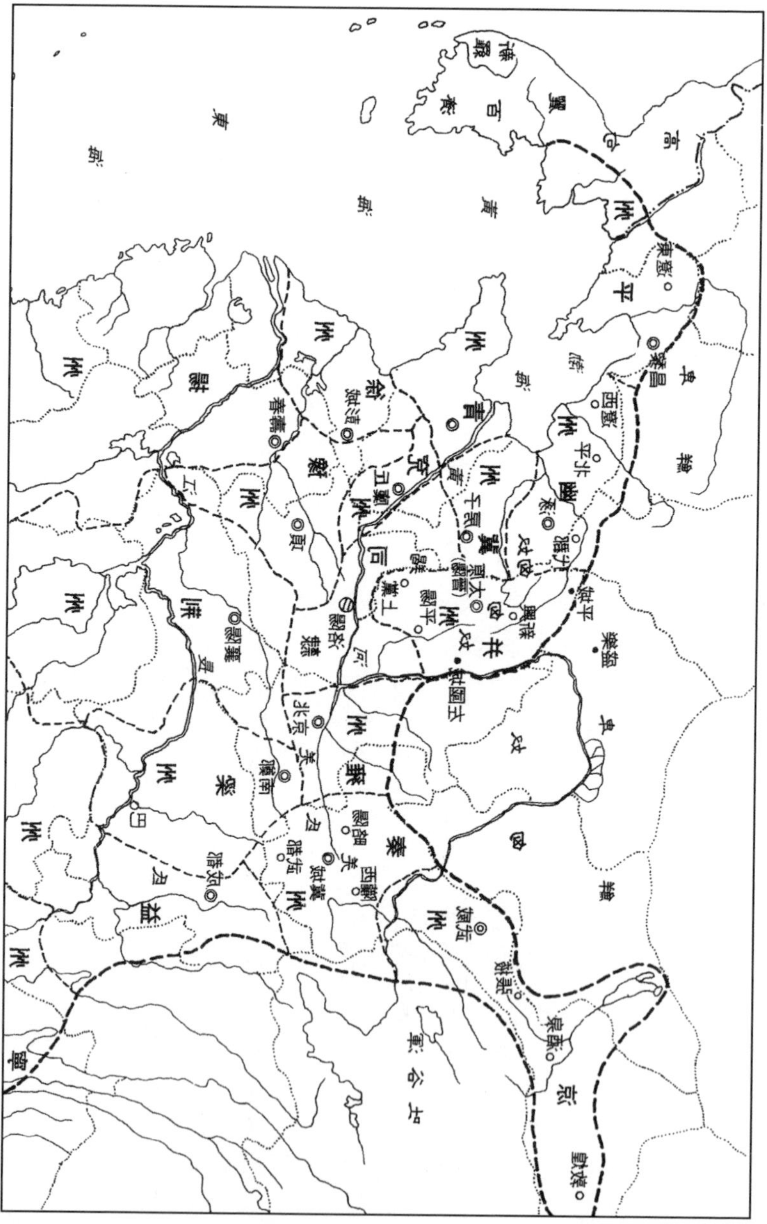

五胡分布圖

四、永嘉之亂

五胡之亂，並非這五族從國外侵略中國，而是與漢人雜處既久的胡人，趁著晉室內爭的機會，起而參加中國的內亂。五胡之中，初以匈奴人勢力為最強大。左部帥劉淵尤具才略，統有匈奴五部。晉惠帝時，劉淵自立為漢王，羯人石勒、漢人王彌均來投歸，不久遷都平陽（山西臨汾縣），改稱皇帝。他自以為是漢的外甥，所以國號曰漢。

劉淵死，子劉聰篡立，派劉曜（淵族子）、石勒、王彌攻洛陽，城中饑危，東海王徵天下援兵，無一至者。永嘉五年（西元三一一年），東海王卒，歸葬東海，為石勒追及，晉兵十萬人被殲。劉聰遣劉曜、石勒、王彌攻陷洛陽，懷帝被俘，史稱「永嘉之亂」。

懷帝被虜，送至平陽，不久為劉聰所害，愍帝即位於長安。是時長安已殘破不堪，百官皆無服章，僅有朝廷的名義而已。劉曜屢次來攻，城中饑困，艱苦支撐。建興四年（西元三一六年），城陷，愍帝出降，次年遇害，西晉亡，凡五十二年。

自八王之亂以來，人民受內亂的災害，流離死亡，已備受痛苦。洛陽陷落，匈奴縱兵劫掠，挖掘皇陵，焚燒宗廟宮殿，殺害太子、諸王、百官三萬多人。懷、愍被俘以後，受盡侮辱，仍不免一死，這是中原自古以來未有的慘禍。

【研究與討論】

一、研討西晉統一天下的經過。
二、八王之亂如何致成？影響如何？
三、研討五胡之亂如何造成。
四、永嘉之亂，具有怎樣的歷史教訓？

第三節　東晉與十六國

一、東晉的建立

長安淪陷，琅邪王司馬睿先稱晉王（西元三一七年），及愍帝遇害，遂於次年即位於建康（即建業），是爲晉元帝。

當時北方大亂，中原人士相率南渡，王導爲之撫輯流亡，收其賢人君子，復延結吳地故老，共度艱危。當時荊、揚二州地方安定，戶口殷實，在王導竭力輔佐下，東晉立國的基礎賴以穩固，時人稱之爲「江左夷吾」。

東晉立國之初，朝野大致都能共體時艱，推誠合作，但也有少數例外，不以大局爲重。例如王導的從兄王敦，恃功而驕，曾自武昌舉兵攻入京城，元帝憂憤而卒。明帝繼位，適王敦病死，餘黨爲蘇峻等肅清。不久，蘇峻又稱兵作亂，京城再陷，旋爲荊州刺史陶侃所平。陶侃公忠謀國，素有積極進取的精神，爲東晉初年之名將。

二、中原的紛亂

西晉亡後二年（西元三一八年），劉聰死，劉曜自立於長安，改漢爲趙，史稱前趙（西元三一九—三二九年）。同年石勒則自立於襄國（今河北邢台縣西南），也以趙爲國號，史稱後趙（西元三一九—三五一年）。越十年，後趙滅前趙，控有黃河南北，一時與東晉成南北對峙之勢[9]。但石勒死，石虎遷都於鄴（河南臨漳），後爲冉閔所滅。冉閔自建國號曰魏，史稱冉魏，但不久被前燕慕容儁所滅。

9 當時長江上游另有氐族李雄所建的成漢（前蜀）。

截至東晉中期，北方及長江上游，先後出現的國家，除了前趙、後趙、冉魏和前燕以外，尚有氐族李雄所建的成漢（前蜀）、漢人張駿所建的前涼、氐族苻健所建的前秦，及鮮卑拓跋什翼犍所復建的代等。最後則為前秦苻堅所統一。

三、祖逖與桓溫的北伐

自中原淪陷，晉室南遷，仁人志士抱有光復國土的雄心者頗多。在東晉中期以前，以祖逖與桓溫二人最為著名。祖逖，范陽（河北涿縣）人，永嘉之亂，率親族至淮泗避難，素懷恢復之志。元帝即位，上書北伐，自行招募士兵，擊楫渡江，慷慨激昂，以廓清中原自誓。祖逖渡江後，次第收復黃河以南許多土地，與石勒隔河對峙八年，因得不到後方援助，憂憤而死；收復的土地，又為後趙奪去。

桓溫於東晉穆帝時，為荊州刺史，鎮守江陵。永和三年（西元三四七年），他自滅成漢（前蜀），盡有長江流域。又於後趙石虎死後，積極部署恢復大計。但朝廷忌憚桓溫，反支持揚州刺史殷浩與之抗衡。殷浩屢次北伐，連遭敗績，終因喪師辱國被廢，桓溫獨攬大權，於是展開了三次北伐，其間曾收復洛陽，上表請求還都；但朝廷習於苟安，未予採行，洛陽再陷。自後趙亡後，二十年間，北方並無強大力量，正是東晉廓清中原的大好機會，可惜不能上下一心，內部互相猜忌，卒無所成。

四、苻堅統一北方與肥水之戰

前秦自苻堅奪得帝位（西元三五七年），以王猛爲相，東滅前燕，南取梁（漢中）、益二州，北併鮮卑拓跋氏之代，西兼前涼，遠征西域，統一了北方。

苻堅既統一北方，便想南下侵晉，王猛曾加以勸阻。王猛死後，苻堅即於東晉孝武帝太元八年（西元三八三年）以步騎八十餘萬大軍南下。是時，東晉謝安當國，以存亡攸關，命謝石、謝玄等督軍八萬抵禦，兩軍隔肥水對陣。晉軍利於速戰，謝玄遣使請秦軍稍退，讓晉軍渡過肥水一決勝負。苻堅欲

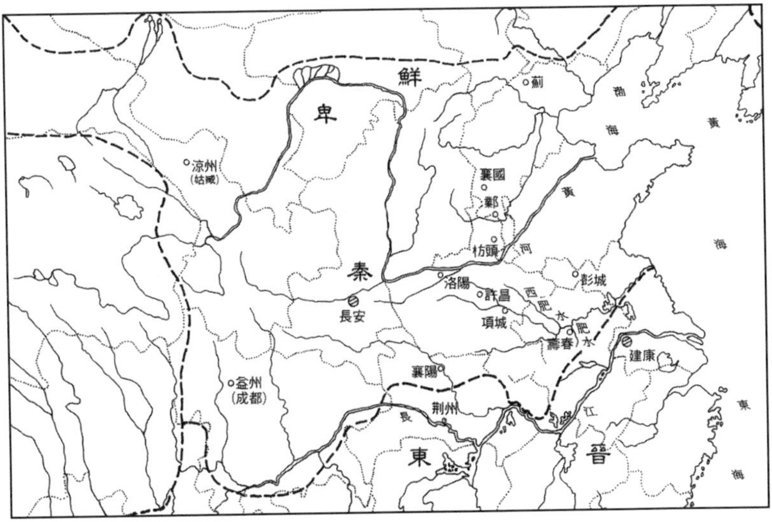

肥水戰爭圖

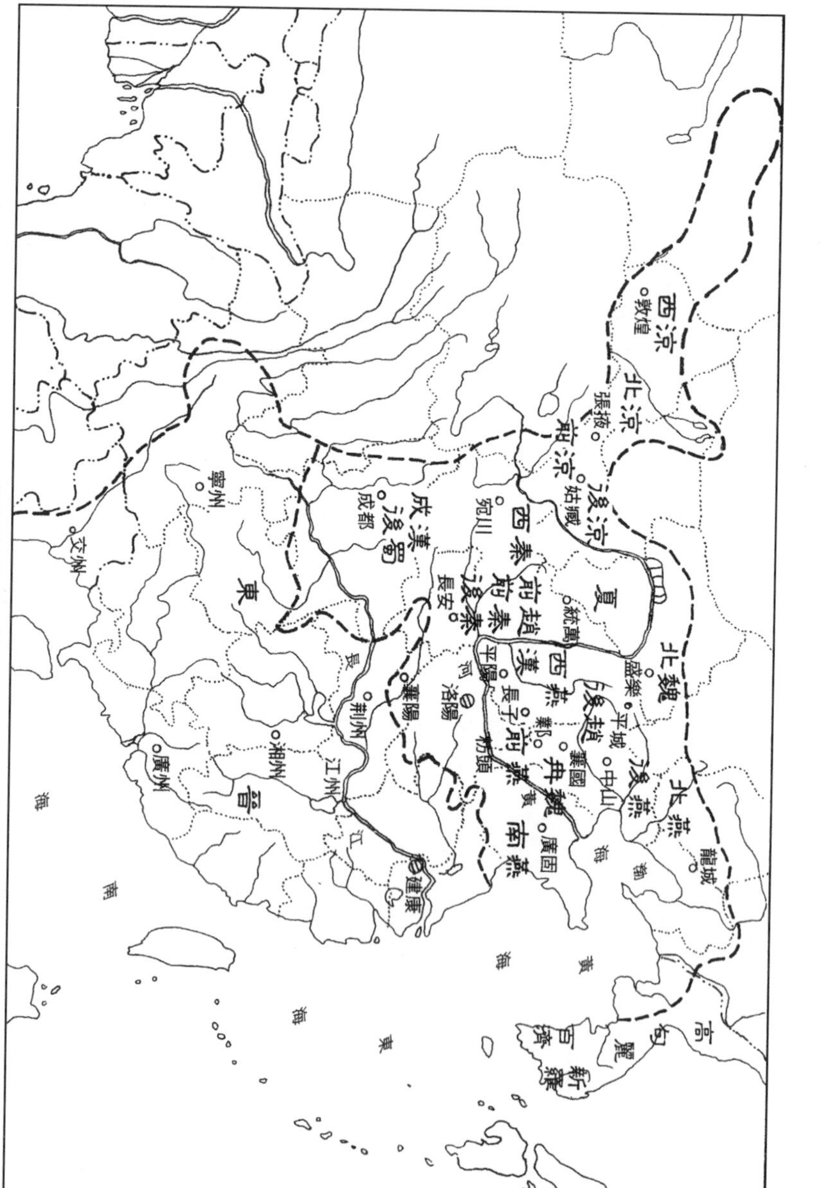
西涼
敦煌
北涼
張掖
南涼
後涼
姑臧
西秦
宛川
成漢
後蜀
成都
夏
統萬
北魏
盛樂
平城
後燕
中山
北燕
龍城
南燕
廣固
西燕
長子
前趙
後趙
前秦
後秦
長安
洛陽
平陽
鄴
襄國
襄陽
荊州
江州
湘州
廣州
寧州
交州
建康
東
晉
高句麗
百濟
新羅

東晉與北方諸國形勢圖

使晉軍半渡時截擊，不料一退不可復止。謝玄乃命劉牢之率精銳的北府兵五千，渡河急擊，秦兵望風奔潰，自相蹈藉而死者，不可勝計，苻堅敗退北方。

肥水之戰，決定了南北繼續對立的大勢。苻堅之所以失敗：一是恃眾而驕，自謂「投鞭於江，足斷其流」；二是連年征戰，兵疲民困；三是所部龐雜，人各異志。王猛臨死時猶勸苻堅不可伐晉，苻堅不聽，終於一敗塗地。東晉方面，謝安於大敵當前，臨危不亂，晉人敵愾同仇，北府兵驍勇善戰，都是贏得此役勝利的重要原因。

五、肥水戰後的北方與劉裕北伐

肥水戰後，前秦崩潰，各族紛紛獨立，統一的北方又行分裂，先後成立了十國[10]。鮮卑拓跋氏亦於此時復國，稱魏。總計自劉淵稱帝以來，北方及長江上游先後出現許多國家，通稱「五胡十六國」，實際上不止這個數目，建國者也不限於「五胡」[11]。

---

10 初為後燕、後秦、西秦、後涼，繼有南燕、南涼、北涼、西涼，再後有北燕與夏。

11 北魏史家崔鴻曾著《十六國春秋》一書，沿習而有「五胡十六國」一詞。其實，當時北方大小國家合計二十多個，建國者除了「五胡」以外，也有漢人。各國名稱、種族、年代，及其演變大勢分列附表兩種於後，以供參考。

附表一：「十六國」種族國名年代表

種族	國名	建國者	國都	年代（西元）	備註
匈奴	漢、前趙	劉淵	平陽（山西臨汾） 長安	三〇四—三二九	劉淵國號漢，劉曜改爲趙
氐	成（漢）	李雄	成都	三〇四—三四七	即前蜀
羯	後趙	石勒	襄國（河北邢台） 鄴（河南臨漳）	三一九—三五一	
漢	前涼	張駿	姑臧（甘肅武威）	三二四—三七六	三〇一年張軌已據河西
鮮卑	前燕	慕容皝	龍城（熱河朝陽）	三三七—三七〇	
鮮卑	（代）	拓跋猗盧	盛樂（綏遠和林格爾） 平城（山西大同）	三三八—三七六	不在十六國内
漢	（魏）	冉閔	鄴	三五一—三五二	不在十六國内
氐	前秦	苻健	長安	三五一—三九四	三八五年後國都不定
羌	後秦	姚萇	長安	三八四—四一七	
鮮卑	後燕	慕容垂	中山（河北定縣）	三八四—四〇九	
鮮卑	（西燕）	慕容沖	長子（山西長子）	三八五—三九四	不在十六國内
鮮卑	（魏）	拓跋珪	平城	三八六—五五七	不在十六國内
鮮卑	西秦	乞伏國仁	宛川（甘肅靖遠）	三八五—四三一	
氐	後涼	呂光	姑臧	三八六—四〇三	
鮮卑	南涼	禿髮烏孤	樂都（青海樂都）	三九七—四一四	
鮮卑	南燕	慕容德	廣固（山東益都）	三九八—四一〇	
漢	西涼	李暠	敦煌 姑臧	四〇〇—四二〇	
匈奴	北涼	沮渠蒙遜	張掖 姑臧	四〇一—四三九	初爲段業所建，時在三九七年
漢	（蜀）	譙縱	成都	四〇五—四一一	即後蜀，不在十六國内
匈奴	夏	赫連勃勃	統萬（陝西横山西）	四〇七—四三一	
漢	北燕	馮跋	龍城	四〇九—四三六	

肥水戰後，北方混亂，但東晉並未能乘機光復中原，主要由於內部不安定。肥水戰後二年，謝安卒，會稽王司馬道子弄權，引發內戰。桓玄（桓溫之子）竟攻陷京師，實行篡位，後爲劉裕所平。

附表二：「十六國」分合表

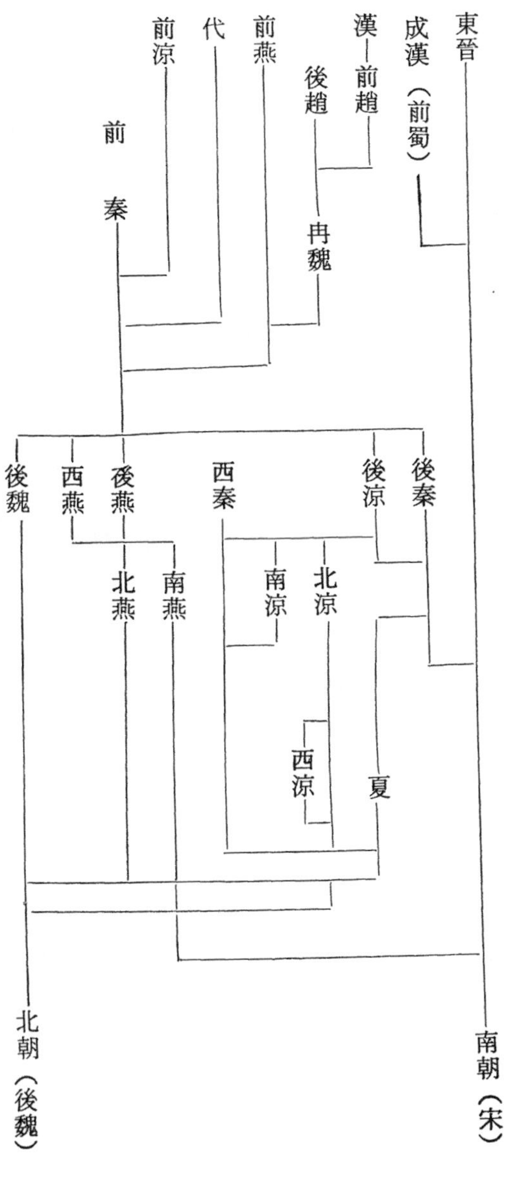

劉裕出身北府兵，爲東晉北伐成就極爲傑出的人物。他既平桓玄之亂，就展開對中原的經略。首滅南燕，執燕主慕容超，並回師定盧循之亂[12]，西平後蜀[13]。安帝義熙十二年（西元四一六年），二次北伐，克復洛陽。翌年入長安，滅後秦，俘其王姚泓，擬進圖魏、夏，淪陷百餘年的中原，大有全部光復的可能。不意留守京師的劉穆之卒，劉裕恐朝廷有變，即行回師；但留守在關中的將領內訌，長安又爲夏所陷。

恭帝元熙二年（西元四二〇年），劉裕篡晉，改國號爲宋，東晉亡，凡一百零四年。

【研究與討論】

一、研討王導對東晉建立的貢獻。

二、研討肥水之戰所具的歷史意義及苻堅失敗的原因。

12 盧循為五斗米道，即天師道孫恩徒黨。孫恩於西元三九九至四〇二年亂於浙江，為劉裕所平。盧循走據廣州，趁劉裕北伐，北襲江州，逼建康。

13 後蜀為東晉叛將譙縱所建。譙縱原為東晉安西參軍，安帝義熙元年（西元四〇五年），殺益州刺史，自號成都王。

三、試比較祖逖、桓溫、劉裕的北伐成就。
四、東晉何以不能收復中原？試申述個人所見。

第四節　南北朝的對峙

一、北魏統一北方

肥水戰後，北方的分裂局面，最後爲新興的鮮卑拓跋氏所統一。東漢末年，鮮卑拓跋氏據有匈奴舊地。晉初，拓跋什翼犍曾建國稱代王，爲前秦苻堅所滅。肥水戰後，什翼犍之孫拓跋珪乘機復國，改國號爲魏，史稱後魏、北魏或元魏。珪即魏道武帝，遷都平城，國基大定。二傳至拓跋燾，即太武帝（西元四二四—四五三年），英勇善戰，御下有方。當時北方各國相繼爲魏太武帝所滅，於是北方統一（西元四三九年），結束了十六國紛爭的時代。這時南方已是劉宋，南北各自統一，而成對峙之局。

二、魏孝文帝的漢化政策

魏太武帝三傳至孝文帝（西元四七一—四九九年），深慕中原文化，他爲了融合胡漢，一統中國，進行了許多重大的改革。第一爲遷都洛陽。孝文帝以舊都平城爲用武之地，非可文治，河洛爲歷史名都，經濟富厚，通運四方，便於經略海內，控制中原。魏太和十七年（西元四九三年），以南伐爲名，進駐洛陽，遂正式定都。

第二爲推行漢化，其重要措施爲：一、禁胡服：一律採漢人服色。二、斷北語：凡三十歲以下的官員，如語音仍舊，即降爵黜官。三、通婚姻：鼓勵臣民與漢人通婚，並從他自己及其子弟實行。四、改姓氏：凡帝

南北朝初期形勢圖

室及功臣舊族，一律改胡姓為漢姓，如拓跋改為元。五、重文教：祀孔子，求遺書，立太學、小學。從此胡漢界限逐漸消弭，這在中華民族發展過程中，具有重大的意義。

三、南朝四代的遞變

南北朝時代，通常以劉裕篡晉的一年作為開始。劉裕即宋武帝，他出身貧寒，器度恢宏，後為北府兵名將，屢平內亂，北伐中原，武功冠於當世。他即位後政尚節儉，生活樸實，注意民生，抑制豪門，力矯魏晉以來奢淫風俗，可惜在位兩年即告崩逝。

劉宋兩傳至文帝，注意吏治，政治清明，史稱「元嘉之治」。文帝頗有恢復中原之志，但北伐均告失利，又殺害名將檀道濟，國力更為不振，最後為逆子劭所弒。明帝繼位，劉氏內爭，骨肉相殘，北魏南侵，淮河以北之地全失。明帝病危，以太子幼弱，召駐守淮陰之鎮將蕭道成入衛京師，結果朝政為蕭道成所掌握，進而篡宋自立，宋亡，凡六十年（西元四二〇—四七九年）。

蕭道成即齊高帝，自以為起自布衣，頗思有所作為，在位兩年而崩。武帝繼位，十餘年間，安定富庶，是蕭齊的盛世，文學頗多成就；但其後宗室相殘，和劉宋如出一轍。傳至東昏侯，暴虐無道，雍州刺史蕭衍起兵東下，取代蕭齊，國號梁。齊亡，共二十四年（西元四七九－五〇二年）。

梁武帝在位四十八年，勤政愛民，提倡學術文化，是南朝不可多得的皇帝；然晚年篤信佛法，政治逐漸廢弛；又接納東魏降將侯景，不久侯景叛變，攻入建康，武帝憤死。賴陳霸先等起兵討平侯景，而梁亦終爲陳霸先所篡。梁亡，凡五十六年（西元五〇二－五五七年）。

侯景之亂時，西魏攻陷荊州，另於江陵立梁武帝之孫蕭詧爲傀儡皇帝，史稱西梁或後梁，南朝分而爲二。北齊則乘機南侵[14]，奪取淮南之地，疆士大爲削減。侯景叛亂期間復大肆破壞，建康名城，幾爲廢墟，百姓流亡，死者蔽野，因此南朝元氣大傷，一時難以恢復。

陳霸先即陳武帝，陳朝承大亂之後，當時江北之地全失，長江上游又有西梁，在南朝之中，是疆域最小的時期。傳至後主叔寶，荒淫無度，國力更加衰弱，爲隋所滅，陳亡，計三十三年（西元五五七－五八九年）。南北朝對峙之局結束。

14 侯景陷建康台城之次年（西元五五〇年），東魏高洋廢孝靜帝自立，西魏於江陵立蕭詧為梁王。北齊建立時，南朝正值侯景之亂。

四、北魏的分裂與北方再統一

北魏至孝文帝以後，中原鮮卑人漢化既深，豪門貴族奢侈浮華，政治與社會風氣漸壞。而北境漢化較淺的鮮卑人，仍然維持質樸勇勁的舊俗，南北隱然形成隔閡對立的現象。傳至孝明帝，胡太后臨朝，寵信小人，篤信佛法，政治益爲惡化。於是先有北方「六鎮」的反叛，繼有爾朱氏之亂[15]，最後

15 後魏為捍衛北邊，曾設置六鎮，即：武川（綏遠武川）、撫冥（在武川之東）、懷朔（綏遠五原）、懷荒（山西大同東北，察哈爾境內）、柔玄（山西天鎮縣北，一說察哈爾興和縣）、禦夷（察哈爾沽源縣）。六鎮之亂，後為爾朱榮所討平。不久爾朱榮舉兵入洛陽，沉胡太后於河，殺王公以下兩千餘人，立孝莊帝。榮旋以跋扈為孝莊帝所殺，榮之從子爾朱兆入洛陽，殺孝莊，專朝政，高歡遂起兵討滅爾朱氏。

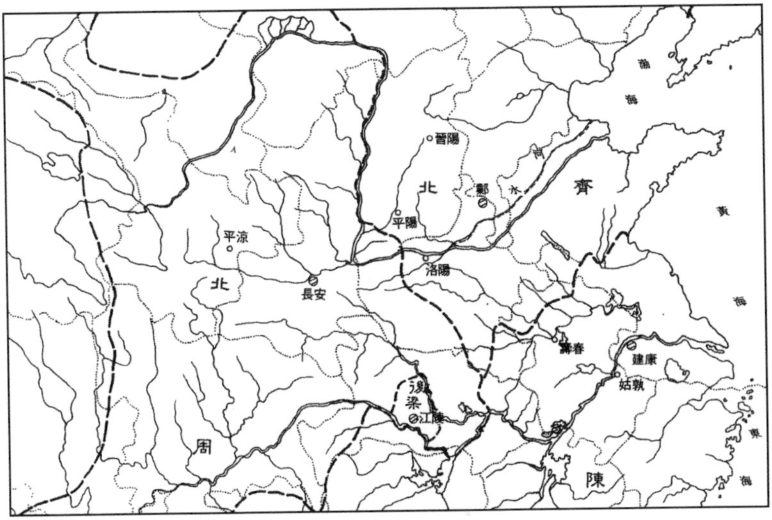

南北朝晚期形勢圖

漢人高歡起兵滅爾朱氏，立孝武帝，專擅朝政。孝武帝謀誅高歡不成，西奔長安，依關西大都督宇文泰。高歡另立一主，遷都於鄴，於是北魏遂正式分裂為東魏（西元五三四—五五〇年）與西魏（西元五三五—五五七年）；時當南朝梁武帝在位時。

東魏政權操之高歡，控有中原；西魏政權操之宇文泰，控有關隴地區；雙方連年交戰，勝負難分。高歡死後，其子高洋篡位，國號齊，史稱北齊（西元五五〇—五七七年），高洋即齊文宣帝。宇文泰死，子宇文覺篡位，國號周，是為北周（西元五五七—五八一年），宇文覺即周孝閔帝。

東魏、西魏分裂之初，東魏據於富庶之區，國力原較西魏為強；但至北齊文宣帝晚年，嗜酒好殺，以後諸帝率多凶暴昏狂，國勢趨於衰弱。而北周自西魏宇文泰執政之時，規劃制度，積極奮鬥，從劣勢的環境中，奠定富強的基礎。傳至周武帝，英明果決，終滅北齊（西元五七七年）而統一北方。

周武帝三傳至靜帝，為外戚漢人楊堅所篡（西元五八一年），改國號為隋。楊堅即隋文帝，八年後滅陳統一天下，結束了將近三百年長期分裂之局。

【研究與討論】

一、研討北魏孝文帝推行漢化政策的原因及成果。
二、南朝四代開國帝王各為何人？其完成帝業的憑藉有何相似之處？
三、北魏如何分裂為東西兩國？其後北周何以能滅北齊而統一北方？

第十章 魏晉南北朝的制度與社會經濟

第一節　制度的演變

一、三省與六官

魏晉南北朝時代，中央政府的官制變動很大。秦與西漢，天子之下，丞相的權位最高；到了東漢，丞相的職權全由尚書省取代。魏文帝時，復置中書省，掌詔命機要，位任愈專，成爲中樞的決策機關，尚書省奉命行事而已。劉宋以後，又有門下省，掌獻納諫正，參與機務，於是大權歸於門下省，中書省之權位逐漸疏遠。尚書省的長官爲尚書令，中書省的長官爲中書令，門下省爲侍中。他們原爲天子的親信私屬，演變而爲中央政務的實際執掌者。其後唐代的三省制度，實淵源於此。

後魏初起，一切草創，尚是部落規制；進入中原之後，始模仿中國制度，特別是在孝文帝時代，官品位號都以南朝爲標準。北周時，酌依周禮，建置六官，即天官府（吏）、地官府（戶）、春官府（禮）、夏官府（兵）、秋官府（刑）、冬官府（工），爲隋、唐以後六部的由來。

二、兵制

自漢末州郡割據，軍隊已出自招募。魏、晉以後，徵兵之制不行，兵民分爲兩途。東晉遇有征戰，常發奴、僮爲兵。謝玄鎭廣陵（江都）時，爲防備苻堅，始募勁卒，號爲北府兵。肥水之戰及劉裕北伐，均靠這一支武力。此後南朝所用之兵，大多是招募而來。

北方胡族之國，多以胡人爲兵，漢人耕種，必要時始徵用漢人。北魏孝文帝漸復徵兵之制，其後遂大規模推行，不分胡、漢。西魏宇文泰更採蘇綽之議，創「府兵」之制。分全國爲百府[1]，分民戶爲九等，選擇六等以上人家的魁健材力之士爲兵。凡入兵籍者，即不入民戶，免除他們的賦稅。每府由一郎將主之，分屬二十四軍。府兵平時耕稼，歲役一月，有事則出征。如此兵不離農，不廢生產；軍隊訓練精良，戰鬥力提高。這是北周及隋之能併有北方、統一天下的最大原因。

1後魏北邊六鎮之兵，名為府户；軍人多與家屬屯聚一處，稱之為府。

三、九品中正制度

東漢登進人才的兩大途徑，至漢末發生流弊：郡國守相主持的察舉，已有營私請託的現象；朝廷的徵辟，也多才名不盡相副。魏文帝時，採陳群之議，實行「九品官人之法」。在每州設置大中正，郡縣設小中正，中正以在中央任官的本處人兼充。郡縣中正官詳定本地人的等第，定為九品（上上、上中、上下、中上、中中、中下、下上、下中、下下），作為政府用人授官的準則。兩晉南北朝依然沿襲。由於做中正官的，易與士族權貴接近，品評不免偏私。到了晉代，已有「上品無寒門，下品無世族」[2]的弊病，至隋文帝時乃告廢除。

【研究與討論】

一、何謂三省？如何演變？

2 語出《晉書》〈劉毅傳〉，原文作「上品無寒門，下品無勢族」。

二、研討府兵制與募兵制的優劣。
三、何謂「九品官人之法」？有何弊端？
四、研討東漢至魏晉登進人才辦法的缺失，並說出自己對於登進人才辦法的看法。

第二節　社會與經濟

一、士族與庶民

魏初所創的九品中正制度，本來是爲了矯正漢代選舉之弊，但實行的結果卻發生了新的弊端。中正官既「以士庶之別，爲貴賤之分」，於是高門大族和權貴子弟，盡被評定爲上品，雖無世襲之名，而有世襲之實，形成所謂「世族」或「士族」[3]，與庶民成爲截然不同的階級。

士族在政治上享有仕宦的優先權和免除傜役的特權。在社會上士族與庶民固然屬於

3 士族亦稱世族、勢族、名族、右姓、高門、華閥等，名稱不同，意義則一。

不同的階級，彼此不能交往，就是士族本身，也有門第高低的不同[4]。如門第不相等，不通婚姻；身分不相當，甚至不同坐交談。這種門閥的觀念，即使天子也無權過問。士族又得各募部曲[5]，叫做「義從」。庶人爲求晉身，往往自附於士族，叫做門生。總之，士族在政治與社會上自成一封建集團、特殊階級。

二、南方的僑姓與吳姓

西晉末年大亂，中原的世家大族，相率渡江南遷者，自視甚高；他們仍以中原望族自相標榜，號爲「僑姓」。東南地區，自孫吳以來的當地大族，號爲「吳姓」。僑姓以王、謝、袁、蕭爲大，吳姓以朱、張、顧、陸爲大。吳姓的地位，不及僑姓。晉元帝及王導對於江南的望族如顧榮等人，禮遇延致，甚至委以重寄，乃是因爲東晉建立之初，基礎未固，爲了合作對抗北方胡族的威脅，不得不如此。

4 例如南方士族，同為僑姓，又有渡江早晚之分；北方則同族之中，又有郡望的差異。

5 部曲本為漢代軍隊編制之名，《續漢書》〈百官志〉：「將軍領軍皆有部曲。」降及三國、魏、晉，演變為私人軍隊之稱。

三、北方的郡姓與國姓

留居在中原的士族，在胡人的統治下，處境艱苦，他們留心實學，五胡君主也延用他們爲輔佐，所以士族的特殊地位並沒有因動亂而衰落。他們不願與胡人相混，爲了區別胡、漢，於姓氏之上冠以郡名，號爲「郡姓」，如范陽盧氏、清河及博陵崔氏、太原王氏、滎陽鄭氏等。魏孝文帝改胡姓之後，鮮卑的元氏、長孫氏、宇文氏及于、陸等，號爲「國姓」。國姓爲天子所命。

四、均田與賦稅

漢末大亂，人民死亡流離，中原戶口大減。名都如洛陽、長安，殘破不堪。全國人口，等於西漢盛時的一個大郡。三國晚年，合計僅七百六十餘萬，西晉時爲一千六百餘萬。永嘉之亂以後，戶口銳減，因之產生了不少大地主，權勢之家占地尤廣。

北方受戰亂之禍最大，人民饑困流離，以致地曠人稀，爲制止豪強兼併，因有「均田」之制。魏孝文帝依李安世議，於太和九年（西元四八五年），頒均田詔，先立鄰、里、黨長，以訂戶籍，然後計口授田。其法把田分爲桑田與露田，男夫十五歲以上，受露田（種穀物之田）四十畝，婦人二十畝，身歿還田；奴婢與良民同。男夫另給桑田一人二十畝，作爲永業，身死不還，可以買賣。這是土地公有（露田）、私有（桑田）的折衷措施。北齊、北周仍繼續採行。

魏晉南北朝時代的動亂，導致商業蕭條，經濟衰退。貨幣雖未廢棄，但交易多以實物；而實物之中，又以穀粟和布帛最爲通用。政府徵收賦稅，也是徵收穀帛，不徵收錢幣。例如曹魏田租，每畝粟四升，戶稅每戶絹二疋、綿二斤。北魏的均田制，徵收的標準是「一夫一婦帛一疋、粟兩石」。北周、北齊除徵收穀帛外，對於徭役也有一定的規定。這種以穀粟、布帛與力役爲賦稅的辦法，歷魏晉南北朝時代，基本型態未曾改變，並沿襲而至隋唐。這是漢代以後經濟上的一大轉變。

【研究與討論】

一、研討士族制度的形成。
二、何謂「僑姓」、「吳姓」、「郡姓」、「國姓」？
三、何謂「均田制」？

四、北魏的均田和賦稅制度，其實施的背景如何？試加以探討說明。

第三節　學術與宗教

一、清談與玄學

魏晉南北朝時代，學術思想以清談及玄學最爲盛行。所謂清談，就是鄙棄世俗之事不問，專務玄理空談。此風起於魏晉之際，何晏、王弼首開其端，其說本於老、莊，崇尚虛無。繼起的阮籍、嵇康等，則進而放浪形骸，輕視禮法，以顯示自己的曠達與率眞。當時有所謂「竹林七賢」，可爲代表[6]。清談家所談論的，以老、莊、易爲主，號爲「三玄」。東晉以後，佛學也融會其中。清談流弊所及，使知識分子趨於消極，逃避現實，造成委靡頹廢的風氣。

6竹林七賢為：阮籍、嵇康、山濤、向秀、劉伶、阮咸、王戎等七人。

二、文史與科技

除了清談與玄學以外，文學、史學與科技，在這一時期，也有很特出的成就。

東漢以後，文章漸趨排偶。至魏晉南北朝，駢體文正式形成。這種文體，注重文辭典雅，形式美觀，蔚爲風氣。此外，文學理論的著作也正式出現，南朝梁劉勰的《文心雕龍》，可爲代表。文學而外，史學尤爲發達，西晉陳壽的《三國志》、南朝劉宋范曄的《後漢書》，都是正史中的名著[7]。北魏酈道元的《水經注》，則是一部歷史地理的偉大著作。科技方面，魏馬鈞改良織布機，能減少人工和時間；造翻車，能運水灌田。南朝劉宋末年的祖沖之，除了推測精密的圓周率[8]以外，又能以銅機轉動指南車，製造航行快速的千里船。這些製作，雖已不傳，但肯定是當時世界上極爲進步的發明。

7 這一時期的史學著作，收入正史的，除《三國志》、《後漢書》外，尚有：梁沈約的《宋書》、梁蕭子顯的《南齊書》、北齊魏收的《魏書》。

8 祖沖之所推測的圓周率為三・一四一五九二七。西元一五七三年，德人瓦托（Vatto）才推測到這樣的密率，比祖沖之晚千餘年。

三、道教的由來與發展

秦漢時代，講求長生不死之術的方士，後來奉老子爲始祖，並附會道家之說，於是學術上的道家遂與宗教性的道教混淆。其實道教與先秦的道家並無直接關係。

道教眞正的創始人爲東漢晚期的張陵，他傳道於蜀郡，自號「天師」，入教的須出五斗米，所以稱爲「五斗米道」。張陵之孫張魯，漢末據有漢中，以「鬼道」教民，自號「師君」，信徒極多。張魯後被曹操驅逐，其子張盛移居江西 龍虎山，世號「張天師」。

東晉的葛洪，好神仙及養生之術，著《抱朴子》一書，討論煉丹及長生不死，發揮道教理論。葛洪以後，道教的重要人物，南朝有陶宏景，北朝有寇謙之，他們都受到帝王的尊敬。陶宏景與齊高帝相善，也與梁武帝交往。寇謙之與北朝道教的盛行，關係尤大，道教一切規模儀式經典，多出其手。魏太武帝對他極爲信任，爲起天師道場，毀佛經、佛像、寺塔，沙門大遭迫害，道教成爲魏的國教。北周武帝，尊崇儒術，曾禁佛、道二教，令沙門、道士還俗；但不久又令立道觀，斥廢佛教。

四、佛教的輸入與盛行

佛教爲印度釋迦牟尼所創，約與孔子同時。至西元前三世紀中期（戰國晚年）阿育王時代，是印度佛教的盛世，其高僧四出傳教，有北至中亞大夏者。大月氏西徙，征服大夏，遂與佛教接觸。漢哀帝元壽元年（西元前二年），大月氏使者東來，有一位博士弟子（太學生）曾跟他受浮屠（佛）經。東漢明帝曾遣蔡愔等往大月氏求佛經，於永平十年（西元六七年）回至洛陽。天竺（印度）沙門攝摩騰、竺法蘭同來，特爲建立白馬寺[9]，翻譯佛經。不過在東漢時代，佛教尚未大盛。

中國人剃髮爲僧，始於魏文帝時。至十六國時期，西域高僧相繼東來，弘揚佛法，翻譯佛經。當時經學趨於衰微，思想界頗爲空虛；而天下動亂，生民痛苦，因此普受歡迎，佛教遂盛。其中，佛圖澄、鳩摩羅什最爲著名。五胡的君主受其影響，亦多信佛法。如後趙的石勒、石虎，前秦的苻堅，後秦的姚興等。姚興曾遣名僧法顯自長安西行

9 蔡愔以白馬負經，所以寺名白馬。此時正大月氏王丘就卻時代，是一位熱心弘布佛法的人。

求法，遍遊印度、斯里蘭卡，後自海路歸國，著有《佛國記》10。後魏及北周，佛教雖遭兩次打擊，但仍盛行不衰。

江南佛法大行，始於三國的孫權，金陵的第一座寺廟即孫權所建。東晉及宋、齊、梁、陳之主，篤信佛教的很多。梁武帝曾三次捨身同泰寺，陳武帝亦曾至大莊嚴寺講經。至於西域高僧東來，則有南天竺的菩提達摩。他於梁武帝時，經南朝至嵩山少林寺，後成為中國禪宗之第一祖。

【研究與討論】

一、何謂清談？代表的人物有哪些？

二、《後漢書》、《三國志》各為何人所著？酈道元有何著作？

三、道教的創始者為何人？葛洪、陶宏景、寇謙之在道教中的地位如何？

10 僧侶西行求法，始於魏朱士行，此後漸成風氣。法顯於東晉安帝隆安三年（西元三九九年）發長安，在天竺（印度）、獅子國（斯里蘭卡）停留八年，乘商舶東返，遇風漂至青州長廣郡牢山（青島）上岸（西元四一四年）。

四、佛教於何時自何地傳入？兩晉、南北朝時代，佛教盛行的情形如何？
五、研討法顯、祖沖之的事蹟，並說出自己的感想。

第四節　民族文化的融合

一、胡漢融合

有史以來，中華民族不斷地在擴大增長，動亂的時代，往往促進了民族文化的融合。春秋、戰國時代的動亂，使歷史上所謂蠻、夷、戎、狄陸續加入，因而有秦、漢大一統的出現。兩晉、南北朝的動亂，民族文化的融合尤爲顯著。胡人內徙以來，日久漸受中原文化的薰染。十六國的君長，如劉淵、劉聰、慕容皝、苻堅、姚興等均習經史，其立國政教，大多仿承兩漢，延用漢人，委以庶政。五胡之中，以鮮卑族最能接受中原文化。北魏入中原，即大量招延世族，以爲輔佐。孝文帝的漢化政策，更促進胡、漢徹底同化。

胡、漢雜居，起初不免衝突，甚至導致悲劇，但經過長時期調和，便逐漸融合爲一。高歡是一個胡化的漢人，爲調和胡、漢衝突，他勸鮮卑人不可凌虐漢人，漢人不要仇視鮮卑人。宇文泰是一個漢化的胡人，卻以中原文化的正統自居，極力籠絡關、隴漢人。他們的目的，均在將胡、漢融合，消除種族間的隔閡。

二、南北文化的交流

中國歷史的重心，已往是在黃河流域。東漢以來，漸向南方發展。三國孫吳竟能憑藉江東，抗衡中原。漢末中原大亂，避地荊、揚和交州的已大有其人。永嘉之亂，中原人士南走江南的尤衆。大概秦、雍二州之人，多移徙現在的兩湖；豫州、洛陽之人多移徙現在的江西、皖南、閩、粵；青、徐二州之人多移徙現在的江、浙。因此江南不僅是正統王朝的所在地，也是中原文化傳播發展的主要地區。

南遷的人士，消極方面是爲逃難避亂，積極方面則志在中興恢復。其中士族階級爲維護自身的特殊地位，初不願與當地人士相混，南人對他們也心存歧視，日久則習而相安。自東晉末實行「土斷」之制，就是以土地限制戶籍之後，北人與南人之間，彼此的痕跡逐漸消沒於無形。北人「南染吳、越」，南人亦能「晉語」；藝文、儒術因之大盛，中原正統文化與吳、越土著文化交流。

三、新生力量

自十六國崛起，以迄隋的統一，為時約三百年，盛極一時的匈奴、羯、氐、羌、鮮卑之所以逐漸消失，並非完全消滅，而係融入了中華民族的大洪爐。胡人驍勇勁悍，朝氣蓬勃；雖憑其一時武力，建立政權，但由於本身歷史文化的基礎較淺，不足以統治中原，因此不得不接受中原文化。五胡漢化的結果，適為中華民族注入了新血液，增添了新成分。漢人亦雜有「夷虜」，沾染了胡人的武風，戰鬥力不減於鮮卑，西魏、北周的府兵，幾盡為漢人。

吳、越天時地利本較中原為勝，東晉以後，雖尚未能將其全部開發，但已不同往昔。南渡人士，對於江南的經營，實大有貢獻。

在北方胡漢同化，在南方文化交流，新的力量隨之產生，因而有隋唐盛世的來臨。

【研究與討論】

一、五胡君長對於中原文化的態度若何？

二、中原人士南遷的情形如何？

三、研討南、北的新力量如何產生。

四、研討魏晉南北朝時期中華民族的大融合，並提出自己的看法。

第十一章

隋唐的盛衰與五代的紛擾

第一節 隋的興亡

一、隋的統一

我國自西晉五胡亂華以來，經過將近三百年的長期分裂，到隋文帝楊堅時，才又歸於統一。

楊堅在北周靜帝時，以外戚的身分，入輔朝政，總攬大權。不到一年，即廢帝篡位（西元五八一年），改元開皇，易國號爲隋，是爲隋文帝。文帝的成功，歸因於北周皇室的腐化，以及漢人勢力的恢復。

隋文帝稱帝時，在南方尚有西梁和陳兩個政權，在塞北則有突厥。其中突厥先來歸降，隋因無後顧之憂；之後滅向來臣服於北朝的西梁；再命楊廣率大軍攻陳，開皇九年，俘陳後主，南北遂告統一。

隋能滅陳，究其原因，主要有四：政治上，隋文帝勵精圖治，國勢強盛；陳後主寄情文酒，政治廢弛。軍事上，北朝實行府兵制，戰鬥力強；南朝主要爲募兵制，武力不振。社會上，北方世族在異族統治下，力爭上游；南方世族，生活安逸，社會腐化。學術上，北方注重經學，講究經國濟民之道；南方崇尚玄學，有消極頹靡之象。

二、隋的內政

文帝出身於西魏、北周以來的關隴統治階級[1]，即位之後，仍重用關隴系官僚，故施政上有因襲，有創新。前者如府兵、均田的推行，成效卓著；後者如制訂律令，改良社會風氣；調整地方政區，節省政府開支；罷除雜稅，減輕人民負擔；廣置穀倉，儲糧備急，也有良好的成果。一時民生富庶，兵力旺盛，國勢蒸蒸日上，史稱「開皇之治」。這種狀況，至煬帝初年而達於極點，為南北朝以來所僅見。

三、隋的建設

隋朝享國甚短，僅三十八年（西元五八一－六一八年）。因國家富強，煬帝又好大

1 關隴集團一詞，是指北朝的西魏、北周至隋、唐期間，籍貫位於關中（今陝西省）、隴西（今甘肅省東南）的門閥世族。胡漢混血、文武合一是其特色，他們占據了當時的統治階層，皇室亦出於此。

喜功，故興辦重大建設甚多。諸如設置穀倉、營建新都[2]、修築長城[3]、開闢馳道[4]等都是。至於開通運河，對國計民生及後世的影響，則又更爲深遠。

2 文帝在舊長安城（漢代長安在今西安市西北二十里）東南興建一個規劃整齊的棋盤式都城為新都，稱大興城。該城一部分在西安市內，一部分在西安市南。煬帝依其設計，也在洛陽舊城以西，建築一座新城，以為東都。現在的西安城是唐末被朱溫毀壞後所重建的。日本曾仿唐代長安城建平安城（京都）。

3 為屏蔽首都所在的關中，文帝曾在寧夏、陝西境內修築長城。煬帝又數度續修，並及於綏遠。

4 煬帝從榆林北境（綏遠鄂爾多斯左翼後旗），東達於薊城（北平東），開闢一條大道，長三千里；又鑿通太行山，貫穿河北和山西，便利對東方的經略。

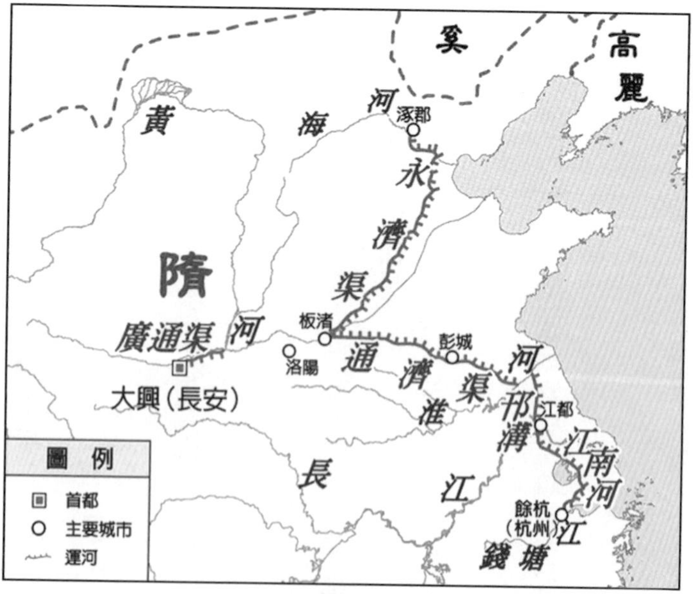

隋代運河圖

隋文帝爲便利關東對京師的漕運，首鑿廣通渠，從長安新都東向潼關，以連接黃河。及隋煬帝建洛陽爲東都，急於召集工匠，意圖進犯江、淮。先開通濟渠，自洛陽北通黃河，再自板渚向東南到達淮河。並擴建邗溝舊渠，使能順利經山陽（江蘇淮安）下江都，而通於長江。稍後，爲伐高麗，又鑿永濟渠，南起板渚北岸，向北達於涿郡（北平東），期望能迅速獲得洛陽的支援。大業六年（西元六一〇年），亂象雖然漸起，仍修江南河，自京口（江蘇鎮江）南迄餘杭（浙江杭州），以備煬帝東巡及加強對南方的控制之用。

從此，打破了南北橫斷的地形，使得以軍事、政治爲重心的北方，得以和經濟繁榮的南方，凝結爲一個堅強牢固的政體而發生偉大的力量。隋雖因煬帝的奢靡狂暴，短命而亡，無福享受運河連線所產生的豐碩成果，但對此後唐宋帝國的國運[5]，及我國的統一事業，卻有莫大的貢獻。

5宋亡以後，元都燕京，連貫南北的運河大部分不復是隋修的運河故道，所以隋代運河的影響，主要是到宋為止。

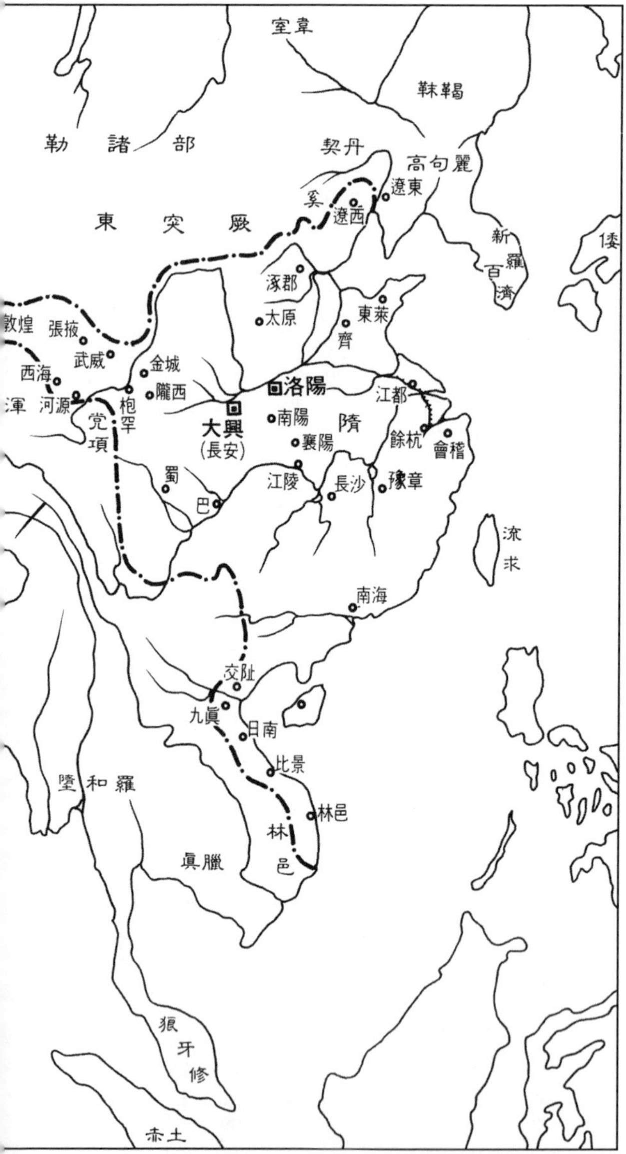

隋代盛時疆域與四裔形勢略圖

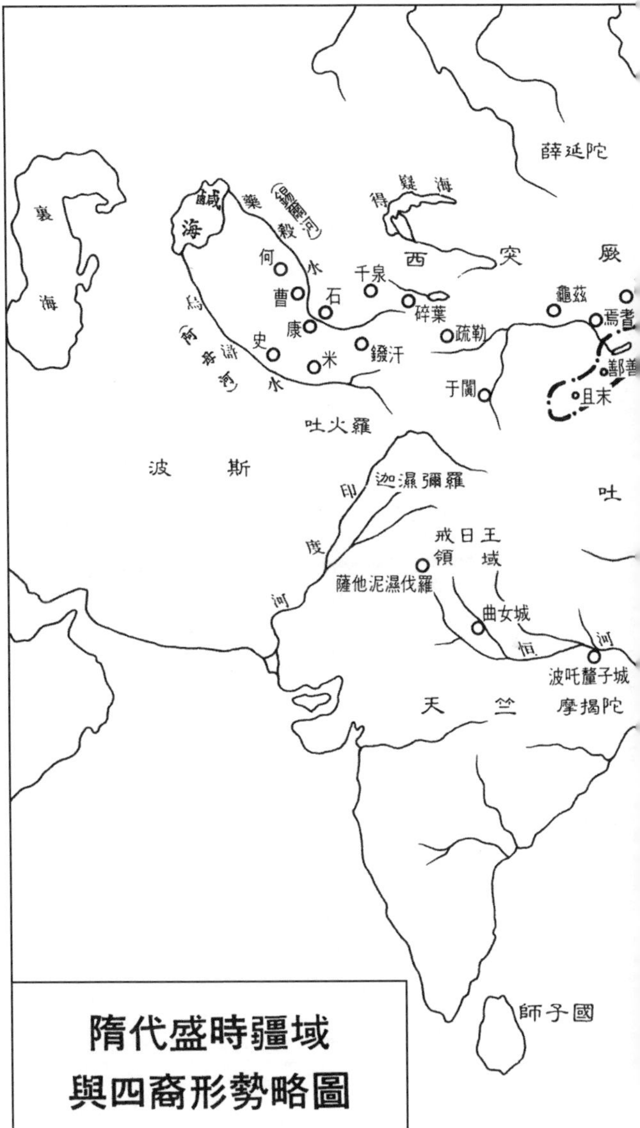

隋代盛時疆域與四裔形勢略圖

四、隋的亂亡

隋文帝雖有治績，但他生性猜忌，不肯接納諫諍，又因受皇后影響，輕廢太子，改立次子楊廣。廣好大喜功，奢靡狂暴，終至國敝民怨，使隋覆亡。所以文帝易儲，實是一大失策。

隋煬帝誤國，主要在於輕浮侈靡，不惜民力。新都、長城、馳道的修築，運河的開鑿，徵調人力往往數十萬至百餘萬；他又在長安和江都之間，廣置離宮，大造龍舟，肆情遊樂，勞民傷財。他的荒縱，嚴重影響人民的生計。

三征高麗是促成大亂的近因。隋煬帝為征高麗，廣徵兵糧，海內動盪不安。加以天災肆虐，政府未能開倉賑恤，遂致人民相聚為盜。大業七年（西元六一一年），亂事首先起於山東，延及河北。不久，楊玄感舉兵黎陽（河南濬縣），從者十數萬，東都幾乎不保。楊玄感後雖失敗，但全國已成鼎沸，群雄割據。煬帝不顧天下之亂，仍貪戀江南風物，南幸江都，恣情娛樂。至欲遷都江南，終而眾叛親離，最後在大業十四年，為部將宇文化及所弒。

【討論與研究】

一、陳亡於隋的主要原因為何？
二、敘述隋國勢強盛的因素。
三、探討隋敗亡原因。
四、研討秦代和隋代的異同。

第二節　唐的盛世

一、唐的開創

唐的開創和隋一樣，主要都是依靠關、隴集團的力量[6]；它的建國者李淵，與隋帝室有親戚關係，頗受信賴。故當煬帝末年，天下亂起，李淵被委任爲太原留守。當時北方無主，他因乘機舉兵入長安，擁立隋煬帝孫代王侑爲帝。等煬帝被害，他又廢帝自立，定都長安，改國號爲唐，建元武德（西元六一八年），是爲唐高祖。

李淵爲人寬厚，富有才略，起兵之後，指揮作戰有方，又能除隋苛政，終於撫定天下。

6《舊唐書》卷六十五〈高士廉傳〉載太宗語云：「齊家（北齊高氏）惟據河北（山東地區），梁陳僻江南，當時雖有人物，偏僻小國，不足可貴。」

二、貞觀之治

唐代文治武功並隆，震爍千古。高祖雖有開建之功，但太宗對盛業的貢獻，功勞最大。

唐太宗即位之後，勤於求治，事事以愛民為本。由於他具有雅量，肯接納忠言；又能廣延人才，知人善任；兼容華夷，平等對待，國勢為之大振。他在位期間（西元六二七—六四九年），國內物阜民豐，天下安寧；對外戎狄綏服，恩威遠播，諸部落尊他為「天可汗」。不但重振了中國的聲威，擴展了疆域，而且充實了中國的文化，促進民族融合。後世史家因其年號貞觀，稱為「貞觀之治」。

三、武周代唐

唐高宗繼位初年，尚能勤於政事，又有太宗遺臣輔佐，大體可與貞觀相比。但高宗本人失之庸懦，大權日漸旁落；晚年，政權幾全操於武后手中。

高宗死後，武后連廢中宗、睿宗，自行臨朝，進而正式稱帝（西元六九〇年），改國號為「周」，以洛陽為都，成為中國歷史上唯一的女皇帝。但他不屬於關隴集團，所

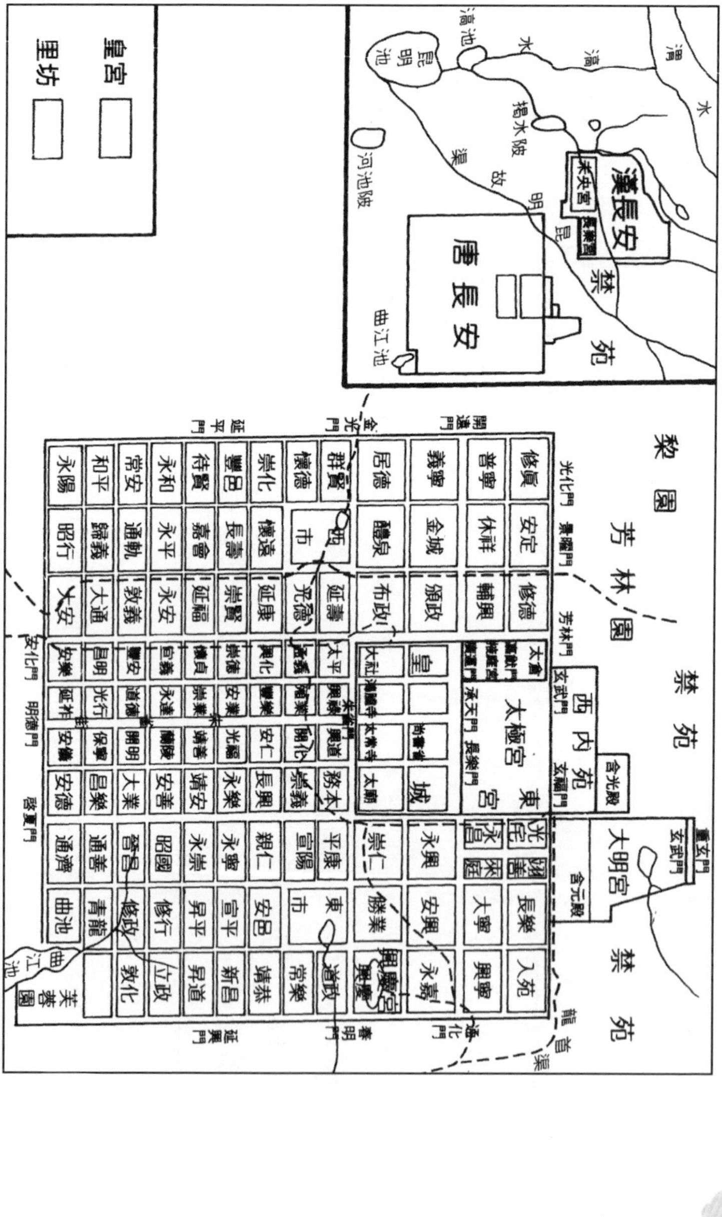
漢長安
未央宮
長樂宮
唐長安
昆明池
鎬池
渭水
潏水
揭水陂
故昆明渠
河池陂
曲江池
禁苑
皇宮
里坊
芳林園
西內苑
大明宮
太極宮
皇城
西市
東市
興慶宮
曲江池
芙蓉園

唐長安城圖

以所受阻力頗大，故當專權期間（西元六六〇—七〇五年），面對反對勢力，曾行高壓政策，唐宗室諸王及大臣被殺者，爲數甚多，朝野不安。另一方面，爲壯大自己的勢力，積極拔擢人才，除派試官在各地延集人才外，並於進士科加試雜文（詩賦）；又增設武舉，選拔武官；同時，創設殿試辦法，親試貢士。一時，賢能薈萃，也爲以後的開元盛世，奠定了堅實的基礎；並且鬆懈了關隴官僚與唐室間的關係，造成了另一種新的官僚型態。

但武氏終究未能爲自家建立起長遠的基業，神龍元年（西元七〇五年），宰相張柬之趁武氏臥病之際，擁中宗復位，回都長安，別尊武氏爲則天大聖皇帝，唐朝於是又恢復舊號。

四、開元之治

唐中宗復位之後，皇后韋氏受武后干政風氣影響，圖謀重演武后故事，毒死中宗。這時，睿宗的兒子李隆基乘機發動政變，殺韋后，擁父復辟。兩年之後，睿宗傳位隆基，是爲玄宗。

唐玄宗在位四十三年（西元七一三—七五五年），前面三分之二的時間爲開元時期，後面則爲天寶時期。開元期間，玄宗留心治道，任用賢能，賦役寬緩，刑罰清平，百姓樂業，戶口增加；不僅國內富安，四裔君長亦競來款獻，長安繁榮空前，史稱「開元之治」。但至開元晚期，由於玄宗耽於遊樂，荒於政事，加上用人不當，政風日壞，卒釀巨變，唐代盛況，遂趨沒落。故玄宗時代是唐代國勢由盛而衰的分水嶺。

【研究與討論】

一、李淵如何建立唐朝？

二、唐太宗的治績如何？

三、你對武則天有何看法？自由發表意見。

四、何謂「開元之治」？

第三節　唐的衰落

一、安史之亂

唐玄宗晚期，寵幸楊貴妃，沉迷於宴樂，而將國政委交於私寵李林甫、楊國忠等小人，造成宰相個人的專權，植黨營私，淫侈貪賄，將屬於公共世界的國家，化成為私權爭奪的場所，唐代政治因而日益衰敗。加以府兵敗壞，募兵代興，武力為藩鎮私人所宰制，以及任用跋扈不馴的胡人為邊帥，終致釀成天寶年間的安史之亂。

安史之亂是指安祿山、史思明等人的叛亂。安祿山原為營州（熱河朝陽）雜胡，為人權謀狡詐，身兼三鎮節度使[7]，擁兵二十萬，兵勢之盛，甲於天下。天寶十四年（西元七五五年），安祿山以討伐楊國忠為名，舉兵叛亂，自范陽南下，勢如破竹，輕陷洛陽。旋又西破潼關，玄宗逃往成都，叛軍因入長安，肆行殺掠。

[7] 平盧治營州，今熱河朝陽；范陽治幽州，今北平；河東治太原。

唐玄宗入蜀，太子別奔靈武，依朔方節度使郭子儀，不久即位，是爲肅宗。唐室有了維繫人心的政府，各地紛紛起兵殺賊，其中以張巡和許遠死守睢陽（河南商邱），關係最爲重大。不但阻斷了叛軍掠食東南富庶區之路，而且使得朝廷在北方殘破之餘，仍能經由長江、漢水轉輸東南財賦，維持經濟供需。

其後，叛軍接連發生內訌，勢力減弱，而唐軍在郭子儀、李光弼等人的努力下，率領大食、回紇（音禾）的援兵，乘機反攻，一場大亂，在代宗廣德元年（西元七六三年）始告平定。總計安史之亂，前後九年，唐帝國的元氣爲之大傷。

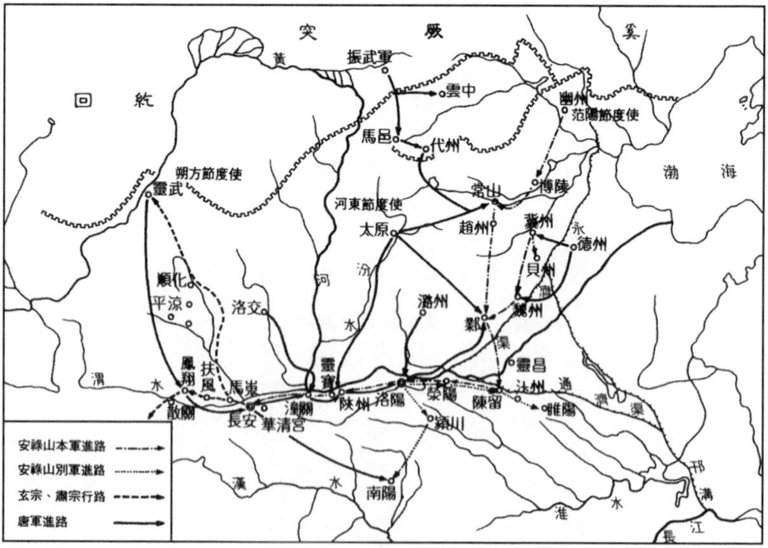

安史之亂圖

二、宦官亂政

唐代宦官的得勢，起於高力士助玄宗取得政權。自肅宗以後，宦官的凶燄益甚，他們不但對外勾結藩鎮，朋比為奸；對內結交文臣，加深黨爭，甚至廢立皇帝[8]，左右政權。

唐代宦官弄權，係由於他們掌握禁軍，掌管樞密。自李輔國擁立肅宗，因功控制部分禁軍後，宦官日益驕恣。至德宗因不信任武臣，而將全部禁軍交由宦官掌管，朝廷安危遂操在宦官之手。此外，自代宗設樞密使，命宦官擔任是職，宦官復掌有承受詔旨、出納王命之權，從而攬權樹威，挾制內外，政治因而不堪收拾。

三、藩鎮割據

唐代藩鎮即節度使，原為防邊而設，即安史亂後，為了酬庸有功將領及安撫安史降將，又大量授以節度使之職，於是節度使遍天下。他們各擁重兵，互相勾結，抗命朝

8 肅宗以後的皇帝，除德宗、敬宗外，均由宦官所立。而憲宗、敬宗更是被宦官所殺。

廷,形成割據的局面。

唐德宗時,河北諸鎮聯合作亂,兵連禍結,延及西北。亂平之後,朝廷仍舊姑息,藩鎮驕橫依然。傳至憲宗,有心振作,始加制裁。由於先弱後強的戰略運用得宜,諸藩先後上表受命,全國乃又告統一,號稱中興。但藩鎮的根基未曾拔除,憲宗死後,亂事再起,河朔復失,迄於唐亡。

四、朋黨傾軋

所謂朋黨傾軋,是指憲宗及其以後外廷士大夫間的衝突。其中以牛、李黨爭的規模最大,牛黨以牛僧孺爲代表,李黨以李德裕爲首領。

牛、李黨爭,發端於憲宗時。進士牛僧孺、李宗閔在對策時譏詆宰相李吉甫的削藩政策,而受到李吉甫的裁抑,雙方結怨。同時,又因下列因素而互分朋黨,使傾軋轉趨劇烈:

一、經生與文士相對立:自武后以雜文取士之後,唐代士大夫形成了兩個壁壘,一派是以經學爲正宗的山東[9]世族，一派爲崇尚文采的進士新貴。前者積極好功，後者消閒放誕。李德裕爲吉甫之子，出身世族，屬於前者；牛僧孺等詞科進士出身，屬於後者。

二、朝士與宦官相勾結：自穆宗以後，內廷的宦官也分派別，時起爭端，正與外廷的牛、李黨爭相對應。內外結援，傾軋遂烈。

兩黨的鬥爭，互有進退，後來到李德裕被貶，世家大族乃終於逐漸退出自東漢以來對中國政治將近千年的影響力。宣宗以後，因爲宦官對朝臣漸起戒心，趨於團結，朝臣失去了依附，黨爭始告式微，但政治已大壞，不可復問。

五、黃巢之亂

唐自天寶以後，政治腐敗，國勢銳減，邊患乘機而起[10]；加上天災流行，人民求生

---

9 有謂華山以東，有謂崤山以東。依唐人柳芳論氏族云：「關中亦號郡姓，韋、裴、柳、薛、楊、杜為首之。」其中楊姓為弘農大姓，其地正在華山以東、崤山以西。則知晉、唐間人所謂山東，是指崤山以東地區。崤山為函谷關之東端，合稱崤函，為一軍事要地，戰國時人曾以此分山東、關中，不無意義。

10 安史亂後的三大外患是回紇、吐蕃和南詔。詳見第十三章第一節「隋唐的對外經略」。

無門，暴亂因之發生。

唐僖宗乾符元年（西元八七四年），關東水、旱爲災，王仙芝起事於今山東之地，黃巢應之。會仙芝敗死，餘衆盡歸黃巢，巢勢大振；於是四出縱掠，擾遍東邊大半河山，然後攻陷洛陽，西入長安。旋因各地援軍會至，巢將朱溫也反正降唐，賊勢乃挫。巢被迫走山東，最後在李克用的追擊下，自殺身亡。餘黨由秦宗權率領，繼續爲亂，而屠掠更爲凶殘，再過五年（西元八八九年），始爲朱全忠（即朱溫）所討平。

一場爲時十多年的大亂，使唐朝賴以生存的東南財賦，慘遭破壞，唐之國力因而衰竭，加速滅亡。

六、唐的覆亡

黃巢亂後，藩鎮相攻益烈，宦官專橫更甚。昭宗時，宰相崔胤召朱全忠帶兵入京，盡殺宦官。全忠乘機毀壞長安，遷帝於洛陽，控制大權。不久，又弒昭宗，別立哀帝，然後篡位自立，唐朝至是滅亡，享國二百九十年（西元六一八－九〇七年）。

【研究與討論】

一、試述安史之亂發生的原因。
二、研討宦官亂政的由來及其嚴重性。
三、藩鎮之禍對唐代的衰亡有何關係？
四、略述朋黨傾軋的原委。
五、研討黃巢之亂的原因及其影響。

第四節　五代的紛擾

一、五代大勢

安史亂後，大時代的盛況已成過去。唐朝亡後，中國四分五裂，繼續紛擾了五十四年（西元九〇七－九六〇年），通稱為「五代十國」，可說是藩鎮的變相和延長。

所謂五代，是指後梁、後唐、後晉、後漢、後周五個先後相承的政權。他們見關中物力已不足自給，遷都到東方的開封或洛陽（後唐都此）。他們的勢力衰弱，只能控制黃河下游地區。但此區久經戰亂，經濟衰頹，自立不易；加上北邊契丹強敵壓境，以及藩鎮擅易主帥的習性未改，迫使五代政權頻頻更易。不但在種族上，漢、胡交錯而立；在時間上，亦甚短暫；而帝數、君姓之多，亦史所少見。凡此，均說明五代政權的高度不穩定。

所謂十國，是指前蜀、吳、吳越、閩、南漢、荊南（後唐時改稱南平）、楚、後蜀、南唐、北漢諸國。論空間，除北漢在山西之外，其他各國都在長江流域及其以南地區。論種族，只有北漢為沙陀人所建，其他均為漢人。論時間，則任何一國都比五代中任何一代為長。顯然南方的十國情勢比較穩定。

二、五代的遞嬗

黃巢之亂以後，黃河流域藩鎮的勢力，以河南宣武節度使朱全忠和山西河東節度使

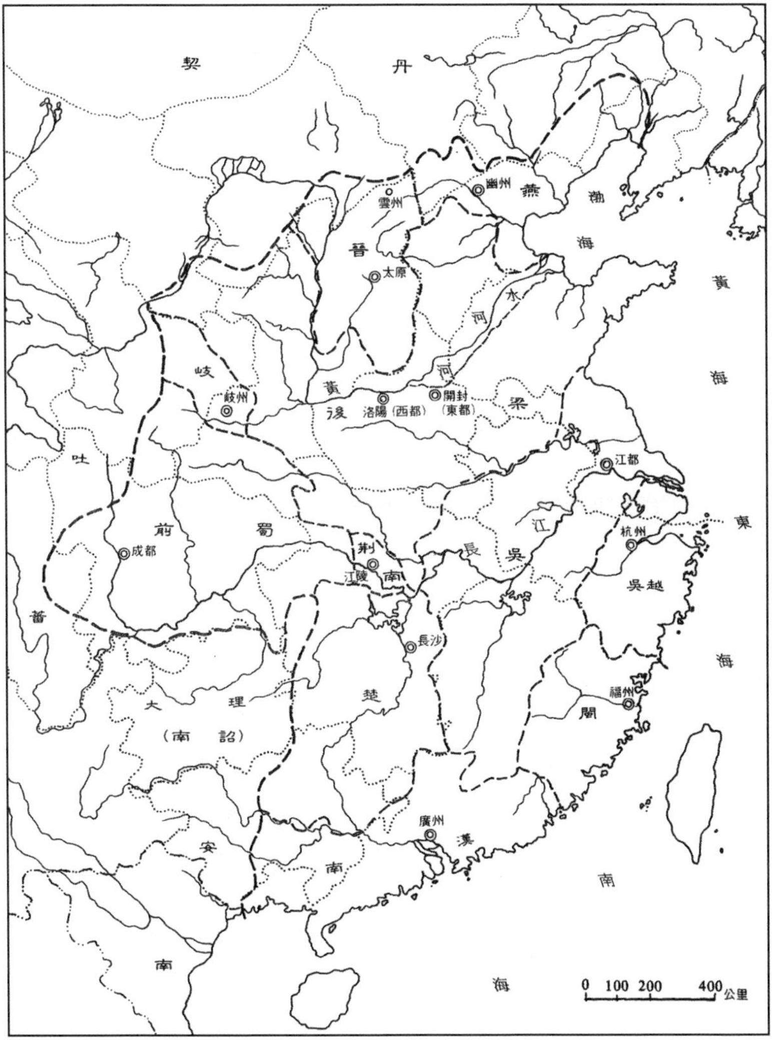
契
丹
雲州
幽州
燕
渤
海
晉
太原
黃
海
水
河
河
黃
岐
岐州
後
洛陽（西都）
開封（東都）
梁
江都
吐
前
蜀
成都
荊
江陵
南
長
吳
江
杭州
東
吳越
蕃
長沙
海
大
理
楚
福州
閩
（南　詔）
廣州
漢
安
南
南
南
海
0 100 200 400 公里

五代初期圖

李克用二人爲大。不過河北的魏博鎮[11]，因爲形勢雄偉，戶賦殷繁，爲河南北邊的重要屏障，也具有舉足輕重的地位。

㈠後梁

朱全忠據開封，控制漕運的轉運點，經濟較佳。迨取得魏博，有了抵抗北敵的屏障，勢力更大，便篡唐稱帝，改國號爲梁，是爲梁太祖，史稱後梁。後爲李克用之子存勗所滅（西元九〇七—九二三年）。

㈡後唐

李存勗自河東東出，先收服魏博等鎮，瓦解後梁的北方防線，即於魏州（河北大名）稱帝，建國號唐，是爲唐莊宗，史稱後唐。不久，移都洛陽，滅後梁，統合了華北三大勢力。莊宗在位期間，又向陝西、四川發展，疆域在五代中爲最大。後爲石敬瑭所

11 魏博節度使控有魏（治元城，今河北大名縣北）、博（治聊城，今山東聊城縣東北）等七州之地，約當今山東西端、河北南端、河南東北角聯合之地，以魏州為治。

滅（西元九二三—九三六年）。

㈢後晉

後唐時石敬瑭任河東節度使。河東當今之山西省，形勢險固，素有「表裡山河」之稱，且風俗尚武，並有胡馬之利。後唐莊宗即曾以此而得滅後梁。石敬瑭據此形勝之地，又結援契丹，後唐自非對手。石敬瑭即位，改國號爲晉，是爲晉高祖，史稱後晉。石敬瑭在歷史上最大的錯誤，是割燕雲十六州[12]向契丹稱臣，爲「兒皇帝」。十六州爲中國北方的國防重地，一旦喪失，無異資

12 燕雲十六州包括河北中部和北部、山西北部，以及察哈爾南部。

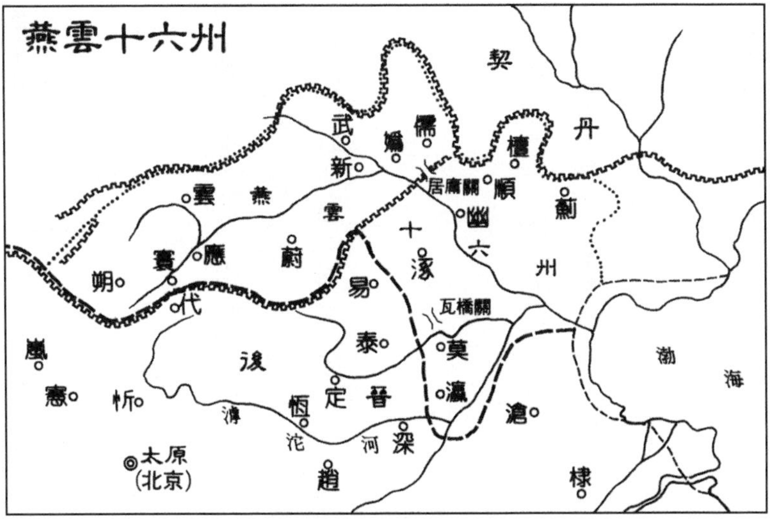

燕雲十六州形勢圖

敵自由進出之便，留給後世中原國家無窮的後患，後晉即為契丹所滅（西元九三六—九四六年）。

㈣後漢

契丹主原擬久據中原，乃仿中國朝名，易國號為遼。但在中原期間，因「打草穀」[13]劫掠，引起百姓反抗，被迫北還。河東節度使劉知遠乘機入據開封，改國號為漢，是為漢高祖，史稱後漢。後為來自魏博的漢將郭威所篡（西元九四七—九五〇年）。

㈤後周

郭威即位，改國號為周，是為周太祖，史稱後周。至是，自後唐以來為沙陀人所有的政權，始再轉歸漢人。太祖在位三年，政治尚稱清明。養子柴榮繼位，是為周世宗，銳意圖治，文治武功皆足稱述，是五代時期最有治績的君主。他曾重用文士，矯正武人

---

13 契丹人向外侵略，兵馬不給糧草，每日分出剽略，號「打草穀」。

貪暴的惡習；整編禁軍，消除軍士驕恣之氣；檢括戶口，招墾荒地，充實政府財力。在武功上，以北伐契丹，攻取瀛、莫、易（河北河間、任邱、易縣）三州最著名。可惜正當準備進取幽州（北平）時，因病還師，不久去世。翌年，爲趙匡胤所篡，後周亡（西元九五一－九六〇年）。

三、十國的興亡

十國的興起，時間有先後，並非都在同一時間（如下表）。他們所以能夠在南方割地稱雄，與下列兩個因素有密切關係：

一、南北朝以來及唐代中衰以後，北方人口大量南移，使南方的經濟、文化得到相當程度的開發，加上無須對五代政權有所負擔，足以自立。

二、北方政權頻繁的內爭與外患，社會經濟破壞，自顧不暇，暫時無力兼併南方；而南方國家也還能保境安民，情勢穩定。

十國中，以吳及其後繼者南唐的勢力較大，與北方五代政權對立，成爲南北兩大勢力。南北對抗的態勢，隨著北方勢力的合併、後周世宗的奮發圖強，以及南方國家的日漸奢靡、腐敗，而趨於瓦解，最後爲崛起於北方的宋所統一。

十國簡表

國名	開國君主	國都	轄地	興起時代	傳主	興亡起訖(西元)	亡於
前蜀	王健	益州(成都)	今陝西南部四川及甘肅東部	唐末梁初	2	903-925	後唐
吳	楊行密	揚州(廣陵)	今江蘇	唐末梁初	4	902-937	南唐
吳越	錢鏐	杭州	今浙江全境	唐末梁初	5	902-978	宋
閩	王審知	福州	今福建	唐末梁初	7	897-945	南唐
南漢	劉隱	廣州	今廣東及廣西南部	後梁初	5	909-971	宋
荊南(後唐以後稱南平)	高季興	荊州(江陵)	今湖北西部	後梁初	5	913-963	宋
楚	馬殷	潭州(長沙)	今湖南及廣西北部	後梁初	6	907-951	南唐
後蜀	孟知祥	益州(成都)	今四川及陝西南部	後唐	2	933-965	宋
南唐	李昪(音辨)(原名徐知誥)	金陵	今江蘇	後唐	3	932-975	宋
北漢	劉崇(後更名旻)	并州(太原)	今山西北部	後周	4	951-979	宋
備註	1.本表各國開始的年代,以各國開國君主稱王的一年爲準。 2.本表僅供參考之用。						

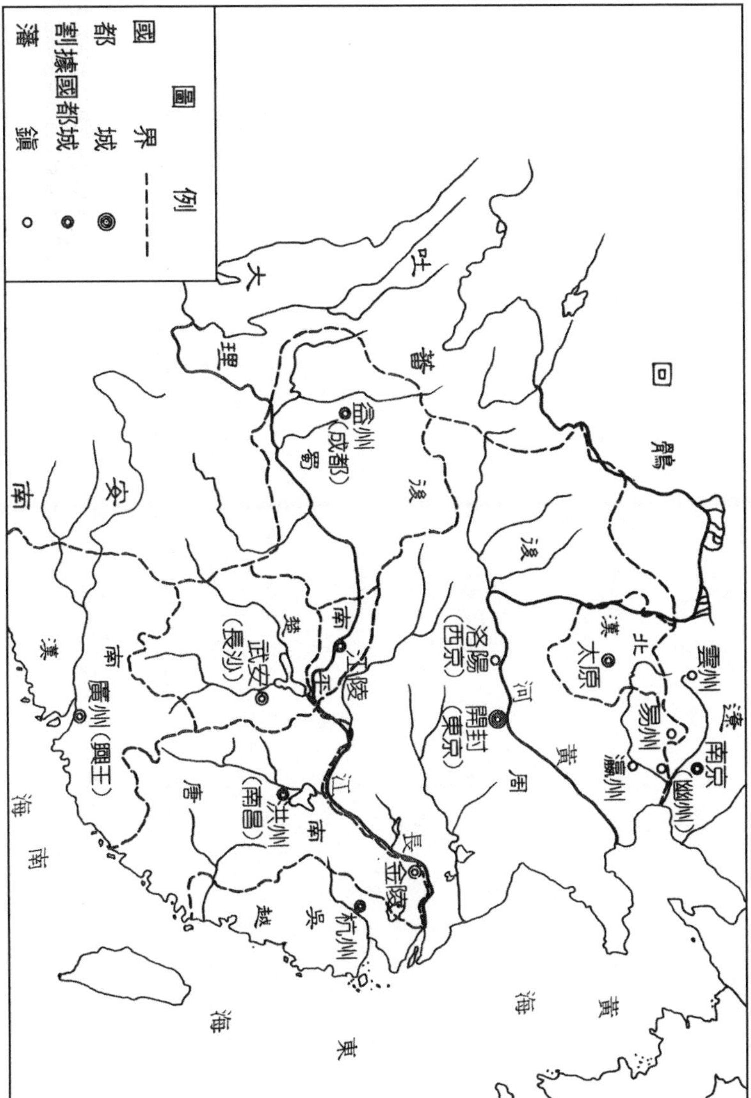
圖例
國界
都城
割據國都城
藩鎮
大理
吐蕃
回鶻
遼
雲州
南京(幽州)
易州
瀛州
北漢
太原
遼
周
黃河
洛陽(西京)
開封(東京)
益州(成都)
蜀
南平
江陵
楚
武安(長沙)
南漢
廣州(興王)
南唐
洪州(南昌)
長江
金陵
吳越
杭州
安南
黃海
東海
南海

五代後期圖

【研究與討論】

一、試從領域、種族、時間三方面，研討五代十國的大勢。

二、河東節度使在五代十國時期所占的地位為何？

三、後周世宗的事功為何？

第十二章

隋唐五代的制度社會經濟與文化

第一節　政治制度

一、官制

隋唐的中央行政組織採尚書、中書、門下三省分權制。但在隋代，職掌上尚未明確劃分，至唐，始趨完備，成爲此後中央政制的藍本。

唐制，中書省爲決策機構，掌制法出令，長官是中書令；門下省爲審駁機構，掌審核和封駁中書省所出的法令，長官爲侍中；尚書省爲執法機構，長官爲左右僕射（音夜）[1]，綜攬全國政務，下置吏、戶、禮、兵、刑、工六部。

就制度言，三省的長官，都是宰相，有事則合議於政事堂。但實際上，大權在中書令及侍中。日後逐漸演變，尚書僕射須有「參知政事」、「同中書門下三品」等銜，才可入議政事。而三省以外的官員，如有此類名號，亦可入堂參議大政，使唐代宰相更爲

[1] 唐太宗未即位時曾任尚書令，故日後無人敢居此職，改以左右僕射為尚書省的長官。

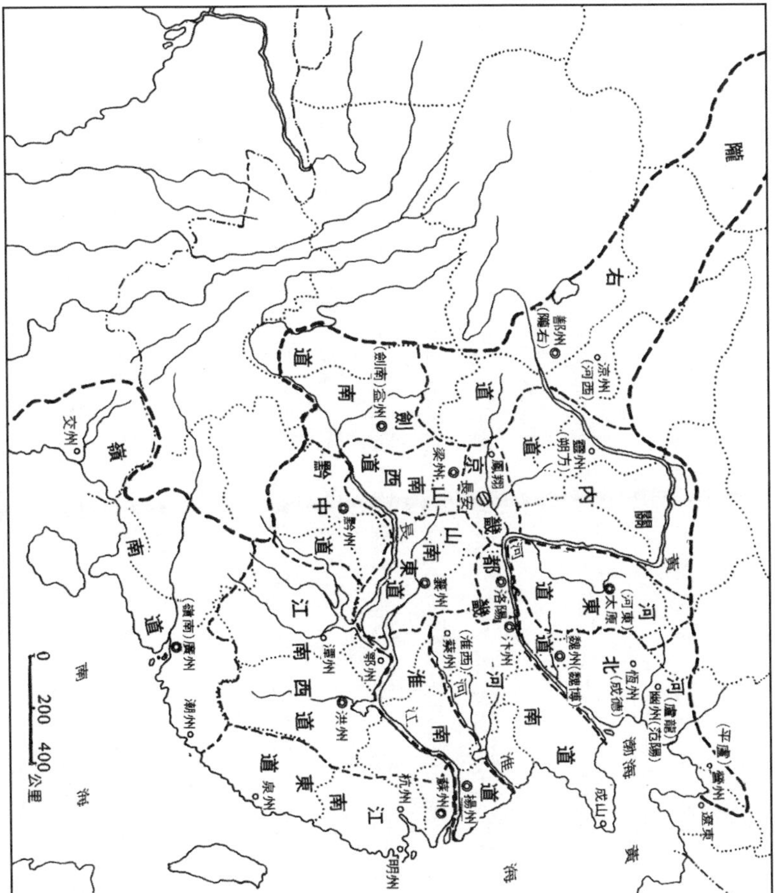
隴右
關內
河東
河北
河南
京畿
都畿
山南西道
山南東道
劍南道
黔中道
淮南道
江南西道
江南東道
嶺南道
長安
洛陽
0 200 400 公里

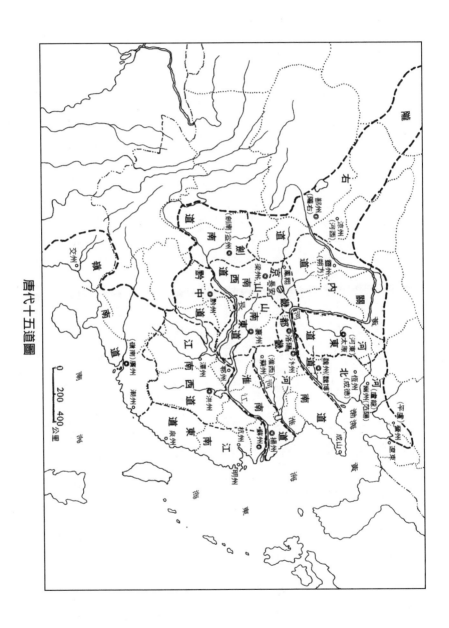

唐代十五道圖

多人並置制。

地方的行政組織，隋文帝廢郡，實行州、縣二級制。其後稱州或郡，雖然名稱屢有改變，但二級的本質未變。唐初分天下為十道，結果，二級制又變為三級制。

二、兵制

隋唐的兵制，沿襲北周的府兵而稍加改良。北周府兵是兵民分籍，由軍人自相督率；隋唐則納入戶籍，隸屬州縣，而成為兵民合一制。

唐代兵區稱為折衝府，擇要設置，以關中最為密集。府兵的來源，選自兵區家富而體健的丁男。他們不必擔負其他徭役，但須自備糧食衣裝。平時農耕、教戰；有事出征，臨時由中央命將統率；戰事完畢，兵還舊府，將歸朝廷。征戰之外，府兵還須應調入京宿衛，謂之「番上」，甚為煩苦。

高宗、武后以後，工商發達，經濟繁榮，府兵或因物質誘惑，棄職他就；或因土地兼併，無以自給，逃亡日多。至開元年間，府兵竟不能按時番上，玄宗被迫另行招募強壯人民十二萬充任，稱作「長從宿衛」，後改稱「彍騎」（音擴季，意為迅捷）。從此，府兵制變為募兵制，兵農分業，可視為關隴集團時代結束的一種宣示。天寶以後，政治腐敗，彍騎漸廢，鎮兵爲藩鎮所控制，天子僅有禁兵，兵制於焉大壞。五代爲唐藩鎮的延續，其兵制亦以禁軍爲主。

三、田制與賦役

隋唐田制爲「均田制」。隋制，丁男受露田八十畝、桑田二十畝，婦女受露田四十畝。唐時，改露田稱口分田，桑田爲永業田。口分田身死還官，永業田可傳於子孫。丁男受田多寡與隋同，但婦女不給田。

隋代的賦稅，有田租和戶調，丁男每年且須爲公家服役。唐因隋制，定爲「租、庸、調法」。每丁歲納粟二石，是爲租；每丁歲服役二十日，是爲庸；每戶歲納綾、絹（生白繒）、絁（音失，粗紬）各兩丈，綿（絲綿）三兩，是爲調。

安史亂後，兼併益盛，戶籍散亂，田地的授還形同虛設，租庸調的制度遂遭破壞。德宗時，宰相楊炎創立「兩稅法」，規定政府量出爲入，依民戶的貧富等級課稅，每年分夏、秋兩次徵輸，概以錢計，省其傜役。由於合乎簡單、公平的原則，而爲以後的朝代所沿用。

四、刑律

隋文帝定律，已較前代寬平，唐代承之，再去煩峻。唐太宗改重就輕，進步更多。唐高宗又續修訂，並令就條文逐條注釋，分成三十卷，通稱《唐律疏義》，成為後世歷代法律的模範，同時也是我國現存最早的律書。

《唐律》的基本觀念，以禮教為中心，所以論刑定罰，頗受尊、卑、貴、賤差別的影響。同時，《唐律》也充滿仁恕的精神，對死刑犯特別審慎，並且擴大減刑的範圍。這種觀念與精神，大體為以後的朝代所繼承，而成為我國傳統刑律的特點。

五、科舉

隋廢魏晉「九品官人法」，改行科舉，意在摧毀門閥。雖謂拔擢人才，實欲集權中央。隋煬帝時，首建進士科，由士人自行報名，參加策試，及第者得任官職，是為我國科舉制度的開始。

科舉至唐而大備，唐代取士的途徑分為三種：一由學館挑選，稱為生徒；二由州縣貢舉，稱為鄉貢；三由天子詔徵，稱為制舉。其中，鄉貢必先經過縣試、州考合格，始可貢舉於中央，所以較受重視。所有生徒、鄉貢，都須送禮部，一起接受分科考試。考試科目甚多，以「明經」和「進士」較重要。尤其進士，因爲必須兼試策論和詩賦，及第較難，而且較能測出考生的才能，因此最爲社會所注重，一般文人也以出身進士爲榮。故唐代宰相大臣，多數是進士出身，並非無因。五代擾亂，惟後周與南漢頒行科舉取士之制，大致與唐制相彷。

科舉對中國的政治社會影響甚大，一則取才任官有比較客觀的標準；二則仕途不爲少數集團所壟斷；三則機會均等，名門寒族公平競爭，社會階級由是逐漸消融。

【研究與討論】

一、研討隋唐相權的演變，並將之與秦漢比較。

二、何謂府兵？何謂彍騎？

三、何謂租庸調法？何謂兩稅法？試比較其得失。

四、唐律在中國的法治演進史上有何重要性？

五、討論科舉制度對後世政治、社會和文化的影響。

第二節　社會與經濟

一、門第與階級

魏晉南北朝以來，士族把持政權，門第觀念很深，隋唐均有意予以摧毀。唐太宗時，命大臣撰《氏族志》，明白指示以當時官品的高低定等級，即想以唐宗室和朝士爲主體，另造一個新貴族集團，以資對抗；但是門第觀念在社會上已甚深固，究非政治手段所易撼動，新貴族後來也成了士族的成員。不過自唐玄宗起用私寵，唐肅宗倚任宦官之後，士族的權勢地位每下愈況，至黃巢之亂以後，士族地位終因戰亂的摧殘而趨於沒落。

隋唐社會，除士族外，大體還可分爲兩類：其一爲良民，包括農工商，各有本業，惟工商及其子弟均不得應科舉。其二爲賤民，隋代有樂戶和奴婢，唐則又分爲雜戶、番戶和奴婢。雜戶是在各官司供驅使的人，具有戶籍，可以和百姓一樣受田，但不可與士族結婚。番戶僅供官司差使，無戶籍。奴婢地位最低，是奴主財產的一種。唐代蓄奴的風氣很盛。至五代，由於社會變亂，奴婢至敢脅持主人，蓄奴風氣始衰。

二、社會風尚

隋唐時期的社會甚為開放，有兩個特點：

㈠種族歧見甚淺

外族人士歸化中國者甚多，在華夷一家的思想下享受平等待遇。他們不惟自由經營財貨，獲取巨利，並且可以出任官職，與漢士比肩於朝。

㈡胡風甚盛

華人生活多染胡人風習，尤以飲食、衣著和樂舞最顯著。時人對西來的燒餅、葡萄酒、窄衣、長靴，以及輕快活潑的樂舞，特爲喜愛。胡風影響所及，婦女頗爲解放，兩性地位不相上下。

胡風盛行於唐玄宗以前，安史之亂以後，對武人與胡人深懷顧忌，華夷之防轉趨嚴密，其風始漸衰退。

三、農工商業

農業是隋唐五代的經濟根本。隋唐的統一與社會的安定，為農業的發展提供了重要的背景；而均田制的實施、農具的改良與水利灌溉的加強，則是農業發達的直接原因。隋代建立才十二年，就已「庫藏皆滿」。而唐玄宗中期，府庫更豐，至於陳腐不可校量，可見農業興盛之一斑。至安史亂後，兵亂、割據，才使農業衰落。同時，因為土地兼併，均田破壞，大量土地集中於官宦、富豪、寺院之手，而形成「莊園制度」。由佃農共耕莊地，向莊主繳佃租，不必負擔政府的租稅徭役，成為中唐以後的農業特殊景象。

隋唐的工業以手工業為主，分官營與民營兩種。官營工業供給朝廷使用，民營產品才供應商賈買賣。官營工業的工匠，主要由各地優秀匠人輪番上役。工業的種類甚多，規模較大的有紡織、製瓷等。一般而言，紡織業以北方及四川為中心；製瓷以南方為主，其中越州（浙江紹興）的青瓷，類玉似冰，最為珍貴。

隋唐的商業，因工業發達、國際互市頻繁，以及交通運輸便利而大為興盛。對外貿易方面，當時的出口商品以絹帛、茶、瓷器為大宗；進口貨物，則以馬匹、皮毛（西域諸國）和香料、珍寶（南海諸國）為重要。唐代為處理日益發達的海上貿易，曾在廣州設置市舶司以為管理。至於國內商業，也大有進展。唐代在各官府均置有「公廨本錢」（廨，音械），貸與商賈，以取利息。又因錢貨攜帶不便，唐憲宗時，更有人發明「飛錢」（又名「便換」），只要商賈在京師，將錢交與諸道「進奏院」（駐京辦事處）及諸軍、諸使、富豪，換領錢券，輕裝前往四方，若合券無誤，即可取錢，有如現在的匯票。此法影響北宋「交子」紙幣的產生。

四、南方的繁榮

六朝對江南的開發，奠定了日後南方經濟發展的基礎。唐代安史之亂以後，北方殘破，政府的財賦頗仰賴於南方。在漕運上，唐高祖、唐太宗時，每年自東南漕運二十萬石，以後陸續增加，到唐玄宗時已增至四百萬石。以財稅言，晚唐田賦以外的稅收，以關稅、茶稅和鹽榷為最大宗，而這些稅源主要來自南方。關稅自中葉北方吐蕃、回紇侵擾以後，便轉移到南方海道。茶葉的產區，主要在江、浙和嶺南。鹽的收入最多，可抵百餘州的賦稅，亦以江、浙一帶為主。至憲宗元和年間，江南所出的賦稅，已高達天下十分之九[2]。

【研究與討論】

一、研討隋、唐、五代間門第社會的變動情形。

二、唐代的社會風尚為何？

三、舉例說明唐代中葉以後南方經濟盛於北方的情形。

四、解釋下列名詞：

(1)莊園

(2)飛錢

2 韓愈〈送陸歙州詩序〉說：「當今賦出於天下，江南居十九。」

第三節　學術與文藝

一、經學與史學

東晉以後，經學分成南北兩派：南派宗魏晉人傳注，注重清通簡要；北派宗晚漢經說，講求淵綜廣博。但南方文風特盛，所以隋代統一後，頗受南學影響。至唐太宗，重視經學，特命孔穎達等人參酌南北經說，撰成《五經正義》，作爲明經科考試的依據。由於應明經科者專務速成，罕治大義；而多數學者又輕鄙明經，因此，隋唐經學不夠發達。

唐代史學有三項特色：一、官修正史：唐以前的正史多半是私家著述，經政府審定認可，唐則開設史館，命臣修撰[3]。其中《隋書》、《晉書》且是集體寫作，爲前代所無。風氣既開，成爲後代修史常例。二、始撰典制史：杜佑撰寫《通典》，備述歷代典

3 唐代官修的史書，計有《晉書》、《梁書》、《陳書》、《北齊書》、《周書》及《隋書》各史。另李延壽私撰有《南史》和《北史》。五代之後晉亦以群力修撰《舊唐書》。

章制度，開制度史之先河。三、首部史學理論專書問世：劉知幾撰《史通》，評論前代史書，並提出自己的主張，影響後世甚大。

二、地學與科技

隋唐疆域遼闊，交通發達，所以地理學也有長足的進步。隋代有裴矩的《西域圖記》，始創地圖與地志合流的新體例。唐代李吉甫編的《元和郡縣圖志》，是我國現存最古而完整的全國地方志。至於地理學者，以唐德宗時的宰相賈耽最有名。他曾用比例尺法繪製地圖；又以墨色標古郡國，以朱色題今州縣，開創了後世以朱墨分今古的沿革地圖的畫法。

隋唐的科技已較前進步。在天文方面，唐太宗時，李淳風用銅造渾天儀，表裡三層可用以測定日、月、星辰的位置，時稱其妙。在算學方面，唐初，王孝通所撰《緝古算經》，大部分是用高次方程式來解答。在醫學上，隋末唐初孫思邈所撰的《備急千金要方》，是一部集唐以前醫學大成的名著。其他如隋代發明雕板印刷術，亦堪注意。

三、文學

隋代文學承襲南北朝駢儷風氣，知名文人不多。唐代的文學內容豐富，體裁多樣，甚爲發達，與唐人開放的性情有密切的關係。

㈠詩

唐詩因朝廷科舉的提倡，以及社會的安定繁榮而盛行，也是中國詩的黃金時代。初唐時，仍受六朝餘風影響，艷麗工整，拘於形式之美，王勃、楊炯是其著者。至盛唐的李白、杜甫，才因擺脫形式，著重內在情感的捕捉，而開創出生動活潑的獨特風格。李白爲詩浪漫，號「詩仙」；杜甫肆志於社會關懷，號「詩聖」。中唐名家有元稹（音枕）、白居易，皆以敘事分明、淺顯易懂名世；由於刻意強調詩人的社會責任，作風近於杜甫。晚唐詩風流於纖細艷麗，以杜牧、李商隱等爲著名。

㈡駢文與古文

隋唐文章沿襲六朝駢文，由於矯揉堆砌，缺乏情意與內容，早有改革之議。中唐以後，面對安史之亂及外來佛教的盛行，世人開始對本土文化重新反省。韓愈首倡文以載道，學習古文，主張以秦、漢及其以前的散文為標準，崇尚樸實，頗得柳宗元的支持，一時聲勢甚盛，而與駢文抗衡；但到晚唐，受到艷麗文風的影響，勢力又衰。

㈢傳奇

傳奇就是短篇小說。唐代傳奇在篇章上比前代筆記小說為長，在寫作的技巧上更為宛轉；同時，題材亦已從志怪述異擴大到人情社會，成為眞正的小說。這與中唐以後文體的解放有關，因為散文的運用比駢文方便。

四、藝術

㈠繪畫

繪畫在初唐以前，仍以人物畫為主流，此與佛教的流行和佛像畫的興盛有關。進入盛唐，山水畫才卓然興起。李思訓的畫，重寫實，尚工麗，善用青綠，雜以金色，號稱「金碧山水」，開北派畫風；王維擅長水墨，受禪宗影響，筆意秀逸，重在傳神，有

「破墨[4]山水」之稱，爲南派所宗。又有吳道玄（字道子），兼長山水、人物，善用墨線表現形象，粗放而富動感，號稱「畫聖」。下至五代十國，南唐的徐熙特創「沒骨畫法」，不尚線條勾勒，先用淡墨意寫物態，然後敷染色彩，所畫花鳥，比前代更爲生動活潑。

(二)書法

隋唐都置有書學博士，表示對書法教育的重視。唐初，因太宗酷愛王羲之的作品，一時書法家競學王羲之字體。玄宗以後，楷書流行，顏眞卿、柳公權並稱於世，皆以嚴整遒勁見長。另外，張旭擅長草書，有「草聖」之稱。

(三)雕塑

隋唐雕塑仍以造像爲主，保存最多的地方是敦煌的千佛洞。唐代雕塑大多以體態豐腴、神態安詳者著稱。

4 使用比較深的墨點或墨線，把畫中的形體從白地中顯現出來；或是從較淡的墨色中，劃分出物體和物體的前後關係。

【研究與討論】

一、唐代史學有何特色？

二、隋唐的科技有何成就？

三、欣賞李思訓和王維的畫，說出其特點。

第十三章
隋唐的對外關係

第一節　隋唐的對外經略

一、北邊的擴張

隋唐時代，北方最強大的部族是突厥，原居於今阿爾泰山一帶，是匈奴的別種；崛起於南北朝的末期，據地東起遼東，西迄裏海，經常南擾，爲中國北邊的大患。

㈠東突厥

隋文帝時，先使用離間政策，使突厥分爲東西兩部；繼又行遠交近攻之計，削其勢力，迫其稱臣。隋末，兩突厥國勢轉強，東突厥占據大漠南北，與中國爲鄰，影響最大。當時割據北方的群雄，無不與之交結，奉爲上國。

唐初，東突厥的頡利可汗悖傲驕橫，需索無度，曾兩度逼臨長安，太宗患之。因利用東突厥連年雪災、內部分離之際，命李靖率領大軍乘機滅之。一時，唐威大振，西北君長紛紛歸順，向唐太宗上「天可汗」的尊號，推戴爲盟主。

㈡西突厥

西突厥占有葱嶺東西之地，於西域勢力最強，玉門關（甘肅敦煌縣西）以西各國都聽他的指揮。唐高宗初年，爲蘇定方所討平。

㈢回紇

回紇亦匈奴後代子孫，位於突厥之北。在唐玄宗時，攻取東突厥故地，成爲塞北第一大國。後以助唐平安史之亂，恃功而驕，每對內地進行搜掠，甚至聯合吐蕃內犯，肆意勒索，唐代府庫爲之空虛。德宗時，改名回鶻（音弧），並與唐室和親，從此，維持了幾十年的和好關係。至唐宣宗，爲來自北方的蠻族所破，才消除了唐代近百年的北邊大患。

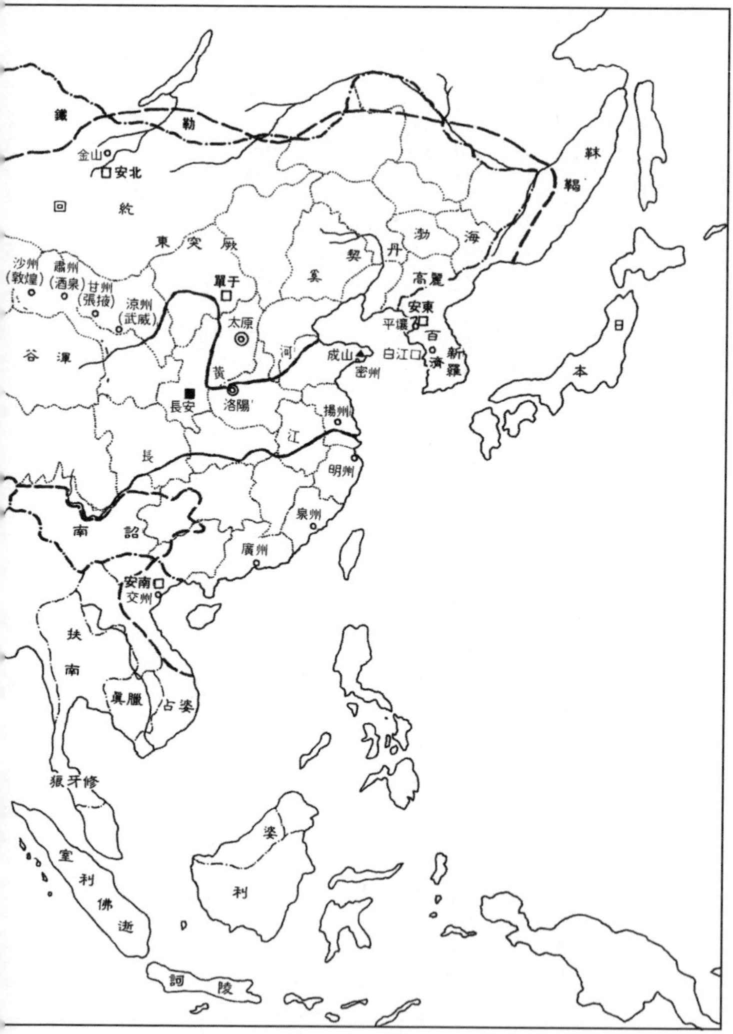
鐵
勒
金山
安北
回
紇
東
突
厥
沙州
(敦煌)
肅州
(酒泉)
甘州
(張掖)
涼州
(武威)
單于
太原
谷
渾
奚
契
丹
渤
海
靺
鞨
高麗
安東
平壤
百
濟
新
羅
成山
密州
白江口
日
本
黃
河
長安
洛陽
揚州
江
長
明州
泉州
南
詔
廣州
安南
交州
扶
南
真臘
占婆
狼牙修
室
利
佛
逝
婆
利
訶
陵

唐代盛世疆域圖

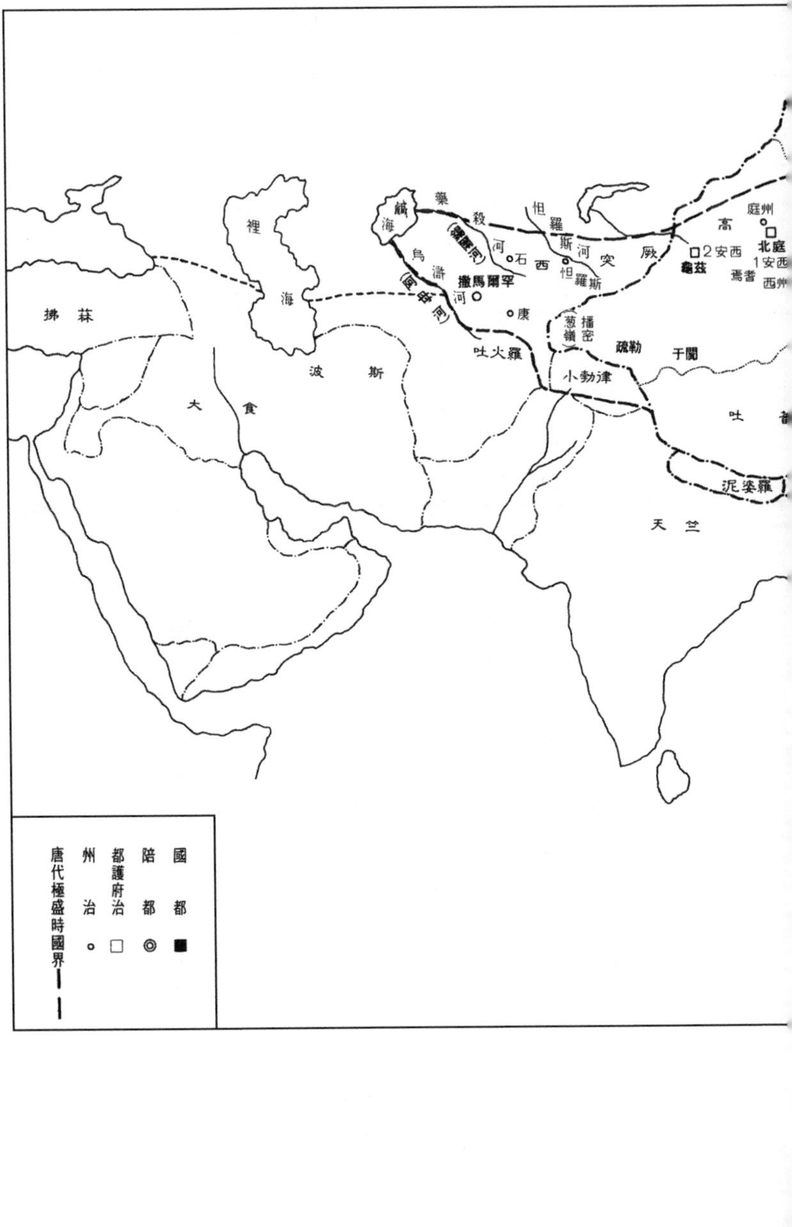
拂菻
裡海
鹹海
藥殺河
烏滸河
石
西
怛羅斯
怛羅斯河
突厥
撒馬爾罕
康
吐火羅
波斯
大食
葱嶺
播密
疏勒
于闐
小勃律
吐
泥婆羅
天竺
庭州
高
北庭
1安西
2安西
龜茲
焉耆
西州
國都
陪都
都護府治
州治
唐代極盛時國界

二、西方的經營

㈠吐谷渾

吐谷渾（谷音玉）位在青海，爲鮮卑後裔所建。隋時，經常侵犯西北邊境。入唐，爲太宗所敗，收其地爲郡縣。

㈡西域諸國

隋煬帝初年，西巡河西，曾有西域二十七國使節來會。隋末唐初，西域諸國多依附於西突厥。唐太宗年間，首先消滅控制西域門戶的高昌（新疆吐魯番），並於其地設置安西都護府，作爲統治天山南路各國的根據地。及唐高宗滅西突厥，取得天山北路，蔥嶺以東於是盡爲唐所有。聲威所及，鹹海以東各國，相繼依附於唐。拂菻（東羅馬帝國）亦前來修好。波斯爲了聯唐抗大食，也於高宗時接受唐的冊封。

㈢天竺

天竺即漢代的身毒（身音捐），在今日印度半島的北部，隋時不肯入貢。唐初，震於唐的聲威，曾遣使朝貢。貞觀末，一度反抗，爲使者王玄策所發動的吐蕃與泥婆羅（尼泊爾）的聯軍所敗，從此入獻不絕。

㈣吐蕃

吐蕃在今西藏。唐初，其君長棄宗弄贊有勇略，國勢驟強。貞觀中，唐妻以文成公主，弄贊漸慕華風，中國文化及佛教因而傳入西藏。弄贊卒，吐蕃不時北侵，青海及甘肅邊地多爲所有。宣宗時，河西吐蕃爲當地義民結合漢人所逐退，西北邊患始告平息。

㈤大食

大食在今阿拉伯半島。唐初以來，曾屢次遣使入貢。其後，攻滅波斯向東發展，逼及西域，對唐朝的西進政策造成極大的威脅，終於演成玄宗天寶十年（西元七五一年）恒羅斯（今中亞的Talas河畔）之戰。唐將高仙芝所率領的蕃漢混合軍，敗於大食的諸胡聯軍，唐的聲威為之一挫。不久，雙方又行修好，安史叛變時，大食且曾派兵助唐收復兩京。

三、南方的發展

㈠流求

流求即今台灣。隋煬帝大業年間，曾派陳稜率軍自義安（廣東潮州）浮海至流求，擄回男女數千人。

㈡南海諸國

隋煬帝曾經略南海。至唐，威名更著，中南半島沿海諸國及南洋海上各國，多來朝貢，群呼中國為唐。華人移居南洋者漸多。

㈢南詔

南詔在今滇西。唐代初期，叛服無常。宣宗時，爲禍尤烈，西南不寧，中國爲之虛耗，對唐的國勢影響極大。而南詔亦因連年征戰，同感疲敝，漸至無力入侵。

四、東方的經略

㈠朝鮮半島

隋時，半島上有三國：高麗、新羅及百濟，以高麗國勢最強。高麗除了占有遼東之外，並不時寇掠遼西，文帝征討無功。煬帝復三次大舉親征，高麗雖因國敝請降，但始終沒有入朝。

唐初，高麗入貢受封。唐太宗時，高麗侵略新羅，不服制止。太宗因而率兵親征，以天寒糧缺而還。高宗即位，改變戰略，命蘇定方等由山東半島海道進攻與高麗交好之國——百濟，以便兩面包抄。但百濟求得日本的援助，龍朔三年（西元六六三年），中、日兩軍遭遇，唐將劉仁軌大敗日軍於白江口（今錦江口），焚其船艦四百艘，海水爲赤；是中、日交通以來的第一次大戰，從此百濟降服。

百濟既定，高麗勢孤，唐高宗乘機討平，並命薛仁貴爲首任安東都護，鎮守平壤。但不久，唐因對付吐蕃，全力用兵西北，爲新羅所乘，而失去控制權。

㈡日本

隋時，倭國強大，兩國往來頻繁。對於大唐，日本尤爲景慕。自貞觀四年（西元六三〇年）到唐末，遣唐使先後凡十九次，每次人員約兩百至六百餘名，目的在吸收唐代文化。倭國至唐末始改稱日本。

【研究與討論】

一、唐平東突厥、西突厥的經過如何？
二、研討唐與回紇的關係。
三、研討唐與高麗、百濟的關係。
四、解釋下列名詞：

(1)王玄策
(2)文成公主

第二節　隋唐的中外文化交流

一、交通發達

隋朝統一中國，河西曾成爲中西交通的要道。至唐貞觀四年（西元六三〇年），唐太宗滅東突厥受推爲「天可汗」之後，勢力擴大，亞洲各國間的往來也更爲頻繁。北至今之蒙古，南迄印度，東到朝鮮半島，西達阿拉伯，漸次納入此一體系之內。爲維繫該地區的安全與和平，唐曾在邊疆先後設置六個都護府及十個節度使，以資指揮運作。聲威所及，日本及南洋各國，亦都前來朝貢。一時，海陸交通空前發達，「條條道路通長安」，對彼此間的文化交流，貢獻至大；直至怛羅斯之役後，始趨於衰微。

二、外教的輸入

隋唐文化，外來成分不少，部分已如前章第二節所述。此外，宗教也是重要項目之一。這些宗教包括景教、摩尼教和回教等，使在早先傳入的佛教、祆教及本土的道教之外，更增加了新的成分，形成中國歷史上宗教極發達的時代。

㈠佛教

佛教雖早就傳入中土，但多偏重在儀式上的崇拜。到唐代以後，由於大批中外高僧及聰明才智之士的投入，才使宗派更爲增加，使教義更爲充實，其中尤以禪宗最具中國本土特色。而諸多人當中，又以玄奘的貢獻最大。玄奘留學印度十九年（西元六二七—六四五年），鑽研佛學。時值印度大乘佛教盛行之際，故其所得極爲精深博大。回國後，更大力翻譯佛經，對中國文化影響頗大。從此，公私爭立寺塔，造佛像，及渡人爲僧尼。至唐代晚期，始因武宗及宰相李德裕崇信道教[1]，嚴禁佛教，盡廢佛寺，迫令僧尼還俗，而使佛教遭受重大打擊[2]。但兩年後，又一切復舊，因為當時佛教已成為民間的普遍信仰。

(二)景教

景教是基督教的一派，為西元五世紀時東羅馬君士坦丁堡主教聶斯托留（Nestorius）所創。他主張耶穌有神、人兩重性格，為教皇斥為異端，逐出帝國，轉受波斯保護。貞觀初，傳入中土，始建教堂，逐漸流行。德宗時，教徒在長安召開大會，立「大秦景教流行中國碑」[3]，記述盛況。宣宗以後，景教衰廢。

1 道教奉老子為教主。相傳老子姓李，李為唐的國姓，故特別受到唐室的尊崇，但民間信仰，道不如佛。
2 佛教史上有所謂「三武之禍」，即是指北魏太武帝、北周武帝和唐武宗的禁佛。
3 該碑在明末發現，上刻中文及敘利亞文，詳述景教在華流傳的經過。

㈢祆教

祆教爲西元前六世紀間波斯人瑣羅亞斯德（Zoroaster）所創。後來成爲波斯國教，流行於西域。他依波斯舊俗，創善、惡二元說，以火和日月星辰代表善神，對之頂禮膜拜，因稱拜火教，中國人稱之爲祆教，北魏時傳入中國。唐時，兩京及西北各州都有祆祠，用以懷柔西域胡人，但不許民間祈祭，根基不固；歷五代、北宋猶存，南宋以後始不見於中國記載。

㈣摩尼教

爲西元三世紀波斯人摩尼（Mani）所創，亦主明、暗二力相戰之說；吃齋不吃葷，因採秘密禮拜方式傳教，故常被視爲邪教。唐初傳入，信奉者不少。回紇人亦信奉此教，恃其助平安史之亂有功，爲請建寺，儼然成爲該教的護法。唐末回紇勢衰，該教亦遭迫害。

㈤回教

回教（伊斯蘭教）爲阿拉伯人穆罕默德（Mohammed）所創，以阿拉爲唯一眞神。唐初，中西海上交通發達，教徒始從海道東來，遍布各互市地點，尤以廣州最多。至於回教或回回名稱，雖出於回紇，但唐時回紇與回教並無關係。回紇信奉回教，爲宋代以後的事。

三、中國文化的西播

唐代文化對西方各族的文化具有啓迪作用，引起廣泛而深遠的影響。當時西方的國家如西域各國、吐蕃，乃至南方的南詔，除了和唐朝互通婚姻之外，並曾派遣子弟入唐學習中國的文物、學術，其中高昌和吐蕃並都設有學校傳授中國學問，唐化較深。

同時，若干中國的事務，亦於此時向西遠播，其中以造紙術及蠶絲術影響最大：

㈠造紙

怛羅斯之役失敗，唐軍內有造紙匠爲大食所獲，送至撒馬爾罕（Samarkand，今中亞烏茲別克首府），設廠造紙，是我國造紙術西傳的開始，對西方文明有極大的影響。

㈡蠶絲

西元六世紀中葉，有波斯僧侶來華傳教，學得養蠶繅絲的技術。歸國時，順便帶回一些蠶卵，因而傳到東羅馬的首都君士坦丁堡，日益繁殖，成爲歐洲蠶絲業的發端。

四、中國文化的東被

唐代中國文化四被，而以朝鮮半島各國和日本受惠最多。朝鮮民族原多華夏成分，漢化本較深刻。隋唐時，中國多次用兵，並置府州，更加深其漢化程度。高麗、百濟和新羅都曾派遣子弟入長安國學。其中，新羅最傾慕中國文化，用唐衣冠、年曆，仿製漢字，號稱「君子國」。

日本在魏晉南北朝時代已吸收不少中國文化。隋唐時代，態度更爲積極，更經常派遣「遣唐使」到中國，每次都有學生、僧侶隨行，來華學習禮儀教化和佛法。西元七世紀中葉，日本孝德天皇所推動的「大化革新」，事實上就是一種「唐化運動」。值得注意的是，日本字也是在唐時仿照漢字所製成的。其楷體字母「片假名」，即是採漢字楷書偏旁所創製；草體字母「平假名」，則是據漢字草書所製成。

【研究與討論】

一、略述唐代外教在中國流傳的情形。

二、研討佛教對中國文化的影響。

三、略述造紙術和蠶絲術流傳西方的經過。

四、討論唐代文化對日本的影響。

附錄一　歷代帝系表（上）

一、夏代帝系表

世	帝
一世	1 禹
二世	2 啟
三世	3 太康、4 中康
四世	5 相
五世	6 少康
六世	7 杼
七世	8 槐
八世	9 芒
九世	10 泄
十世	11 不降、12 扃
十一世	14 孔甲、13 廑
十二世	15 皋
十三世	16 發
十四世	17 履癸（桀）

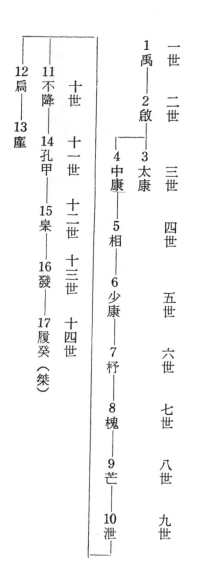

二、商代帝系表

世	帝
一世	1 湯
二世	太丁、2 外丙、3 仲壬
三世	4 太甲
四世	5 沃丁、6 太庚
五世	7 小甲、8 雍己、9 太戊
六世	10 仲丁、11 外壬、12 河亶甲
七世	13 祖乙
八世	14 祖辛、15 沃甲
九世	16 祖丁、17 南庚
十世	18 陽甲、(殷)19 盤庚、20 小辛、21 小乙
十一世	22 武丁(高宗)
十二世	23 祖庚、24 祖甲
十三世	25 廩辛、26 庚丁(康丁)
十四世	27 武乙
十五世	28 太丁
十六世	29 帝乙
十七世	30 帝辛(紂)

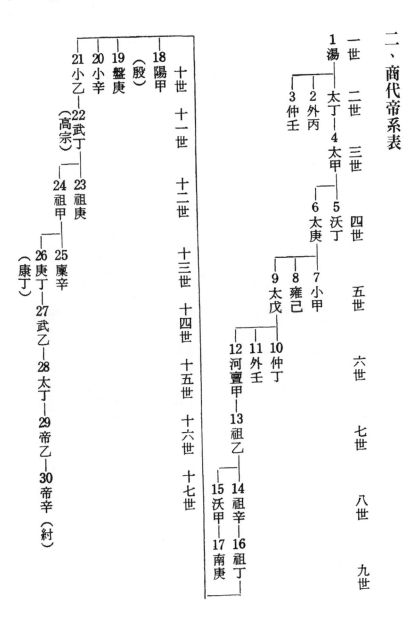

三、周代帝系表一（西周部分）

- 一世：1 武王發
- 二世：2 成王誦
- 三世：3 康王釗
- 四世：4 昭王瑕
- 五世：5 穆王滿
- 六世：6 共王繄扈、8 孝王辟方
- 七世：7 懿王囏
- 八世：9 夷王燮
- 九世：10 厲王胡
- 十世：11 宣王靜
- 十一世：12 幽王宮涅

四、周代帝系表二（東周部分）

- 十二世：13 平王宜臼
- 十三世：太子洩父
- 十四世：14 桓王林
- 十五世：15 莊王佗
- 十六世：16 僖王胡齊
- 十七世：17 惠王閬
- 十八世：18 襄王鄭
- 十九世：19 頃王壬臣
- 二十世：20 匡王班、21 定王瑜
- 二十一世：22 簡王夷
- 二十二世：23 靈王泄心
- 二十三世：24 景王貴
- 二十四世：25 悼王猛、26 敬王匄
- 二十五世：27 元王仁
- 二十六世：28 貞定王介
- 二十七世：29 哀王去疾、30 思王叔、31 考王嵬
- 二十八世：32 威烈王午
- 二十九世：33 安王驕
- 三十世：34 烈王喜、35 顯王扁
- 三十一世：36 慎靚王定
- 三十二世：37 赧王延

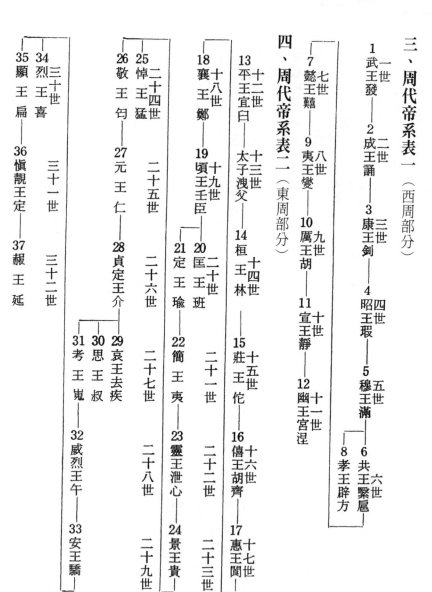

五、秦代帝系表

- 一世：1 始皇帝政
  - 二世：公子扶蘇
  - 二世：某
    - 三世：3 王子嬰
  - 二世：2 二世皇帝胡亥

六、西漢帝系表

- 一世：1 高祖劉邦
  - 二世：2 惠帝盈
    - 三世：少帝某
    - 三世：少帝弘
  - 二世：3 文帝恆
    - 三世：4 景帝啟
      - 四世：5 武帝徹
        - 五世：昌邑王髆
          - 六世：昌邑王賀
        - 五世：戾太子據
          - 六世：史皇孫進
            - 七世：7 宣帝詢
              - 八世：8 元帝奭
                - 九世：9 成帝驁
                - 九世：定陶王康
                  - 十世：10 哀帝欣
                - 九世：中山王興
                  - 十世：11 平帝衎
              - 八世：楚孝王囂
                - 九世：廣戚侯勳
                  - 十世：廣戚侯顯
                    - 十一世：12 孺子嬰
        - 五世：6 昭帝弗陵

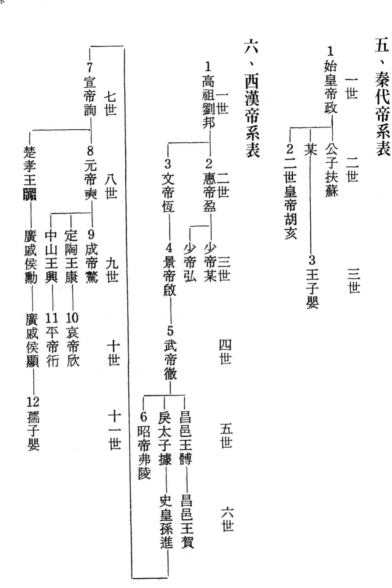

七、東漢帝系表

- 九世（與西漢合計世次）：1 光武帝劉秀
- 十世：2 明帝莊
- 十一世：3 章帝炟
- 十二世：4 和帝肇、濟北王壽、清河王慶、千乘王伉、河間王開
- 十三世：5 殤帝隆（和帝子）、7 少帝懿（濟北王壽子）、6 安帝祜（清河王慶子）、樂安王寵（千乘王伉子）、蠡吾侯翼、解瀆亭侯淑（河間王開子）
- 十四世：8 順帝保（安帝子）、渤海王鴻（樂安王寵子）、11 桓帝志（蠡吾侯翼子）、解瀆亭侯萇（解瀆亭侯淑子）
- 十五世：9 沖帝炳（順帝子）、10 質帝纘（渤海王鴻子）、12 靈帝宏（解瀆亭侯萇子）
- 十六世：13 少帝辯、14 獻帝協（靈帝子）

八、三國帝系表

(一)魏

- 一世：武帝曹操
- 二世：1 文帝丕、燕王宇
- 三世：2 明帝叡、東海王霖（文帝丕子）、5 元帝奐（燕王宇子）
- 四世：3 廢帝芳（明帝叡子）、4 廢帝髦（東海王霖子）

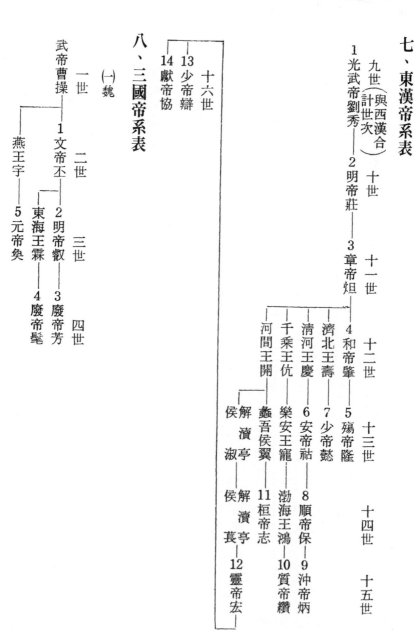

(二)蜀

一世	二世
1昭烈帝劉備	2後主禪

(三)吳

一世	二世	三世	四世
武烈帝孫堅	長沙王策		
	1大帝權	南陽王和	4帝皓
		2廢帝亮	
		3景帝休	

九、晉帝系表

一世	二世	三世	四世	五世	六世	七世
宣帝司馬懿	景帝師					
	文帝昭	1武帝炎	2惠帝衷			
			吳王晏	4愍帝鄴		
			3懷帝熾			
	琅邪王伷	琅邪王覲	1東晉元帝睿	2明帝紹	3成帝衍	6哀帝丕
						7廢帝奕
					4康帝岳	5穆帝聃
				8簡文帝昱	9孝武帝曜	10安帝德宗
						11恭帝德文

十、南朝帝系表

(一)宋

- 1武帝劉裕（一世）
  - 2少帝義符（二世）
  - 3文帝義隆（二世）
    - 4孝武帝駿（三世）
      - 5前廢帝子業（四世）
    - 6明帝彧（三世）
      - 7後廢帝昱（四世）
      - 8順帝準（四世）

(二)齊

- 1高祖蕭道成（一世）
  - 2武帝賾（二世）
    - 文惠太子常懋（三世）
      - 3鬱林王昭業（四世）
      - 4海陵王昭文（四世）
- 始安王道生（一世）
  - 5明帝鸞（二世）
    - 6廢帝寶卷（三世）
    - 7和帝寶融（三世）

(三)梁

- 1武帝蕭衍（一世）
  - 昭明太子統（二世）
    - 後梁
      - 1宣帝詧（三世）
        - 2明帝巋（四世）
          - 3後主琮（五世）
  - 2簡文帝綱（二世）
  - 3元帝繹（二世）
    - 4敬帝方智（三世）

(四)陳

- 1武帝陳霸先（一世）
- 始興王道譚（一世）
  - 2文帝蒨（二世）
    - 3廢帝伯宗（三世）
  - 4宣帝頊（二世）
    - 5後主叔寶（三世）

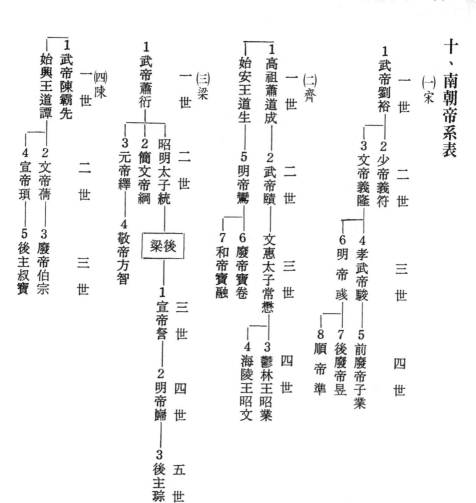

十一、北朝帝系表

(一)北魏

- 一世：1 魏道武帝拓跋珪
  - 二世：2 明元帝嗣
    - 三世：3 太武帝燾
      - 四世：景穆太子晃
        - 五世：4 文成帝濬
          - 六世：5 獻文帝弘
            - 七世：6 孝文帝宏
              - 八世：7 宣武帝恪
                - 九世：8 孝明帝詡
              - 八世：廣平王懷
                - 九世：11 孝武帝修
              - 八世：清河王懌
                - 九世：清河王亶（東魏）
                  - 十世：1 孝靜帝善見
              - 八世：京兆王愉（西魏）
                - 九世：1 文帝寶炬
                  - 十世：2 廢帝欽
                  - 十世：3 恭帝廓
            - 七世：彭城王勰
              - 八世：9 孝莊帝子攸
            - 七世：廣陵王羽
              - 八世：10 節閔帝恭

(二)北齊

- 一世：神武帝高歡
  - 二世：1 文宣帝洋
    - 三世：2 廢帝殷
  - 二世：3 孝昭帝演
  - 二世：4 武成帝湛
    - 三世：5 後主緯
      - 四世：6 幼主恆

(三)北周

- 一世：文帝宇文泰
  - 二世：1 孝閔帝覺
  - 二世：2 明帝毓
  - 二世：3 武帝邕
    - 三世：4 宣帝贇
      - 四世：5 靜帝闡

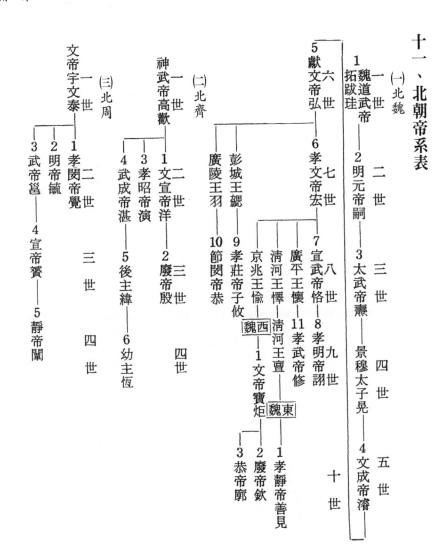

十二、隋帝系表

- 一世：1 文帝楊堅
  - 二世：2 煬帝廣
    - 三世：元德太子昭
      - 四世：3 恭帝侑
      - 四世：4 恭帝侗

十三、唐帝系表

- 一世：1 高祖李淵
  - 二世：2 太宗世民
    - 三世：3 高宗治
      - 四世：4 中宗哲
      - 四世：5 睿宗旦
        - 五世：6 玄宗隆基
          - 六世：7 肅宗亨
            - 七世：8 代宗豫
              - 八世：9 德宗适
                - 九世：10 順宗誦
                  - 十世：11 憲宗純
                    - 十一世：12 穆宗恆
                      - 十二世：13 敬宗湛
                      - 十二世：14 文宗昂
                      - 十二世：15 武宗炎
                    - 十一世：16 宣宗忱
                      - 十二世：17 懿宗漼
                        - 十三世：18 僖宗儇
                        - 十三世：19 昭宗曄
                          - 十四世：20 哀帝（昭宣帝）柷

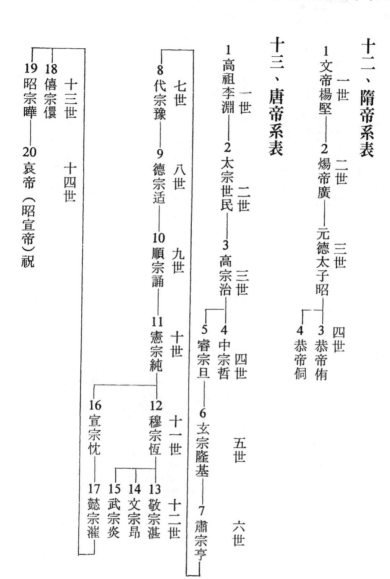

十四、五代帝系表

㈠後梁

一世　　　二世

1太祖朱溫——2末帝瑱

㈡後唐

一世　　　二世

1莊宗李存勗

2明宗嗣源——3閔帝從厚
　　　　　　　└4廢帝從珂

㈢後晉

一世　　　二世

1高祖石敬瑭
└宋王敬儒——2出帝重貴

㈣後漢

一世　　　二世

1高祖劉知遠——2隱帝承祐

㈤後周

一世　　　二世　　　三世

1太祖郭威——2世宗柴榮——3恭帝宗訓

附錄二　大事年表（上）

一、五帝

黃帝
民國紀元前四六〇〇—四五〇〇年頃
西元前二六九八—二五九八年頃
敗炎帝　誅蚩尤　逐葷粥

少昊

顓頊

帝嚳

帝摯

唐堯
民國紀元前四二四四—四一四五年
西元前二三三三—二二三四年
命鯀治水無成　命舜攝天子事

虞舜

民國紀元前四一四四—四〇九五年
西元前二三三三—二一八四年
命禹治水

二、夏

禹　七年
民國紀元前四〇九四—四〇八八年
西元前二一八三—二一七七年
服九黎三苗

啓　九年
民國紀元前四〇八七—四〇七八年
西元前二一七六—二一六七年
滅有扈氏

太康　二九年
民國紀元前四〇七七—四〇四九年
西元前二一六六—二一三八年
后羿奪夏政（太康失國）

中康　一三年
相　二八年
少康　二三年
夏中興
杼　一七年
槐　二六年
芒　一八年
泄　一六年
不降　五九年
扃　二一年
廑　二一年
孔甲　三一年
皋　一一年
發　一九年
桀　五一年

民國紀元前三七一三—三六六三年
西元前一八○二—一七五二年
商湯爲諸侯

三、商（殷）

歷代紀元		干支	民國紀元前	西元	大事
湯	元年	庚戌	三六六二	西元前一七五一	放桀於南巢
太甲	三年	乙丑	三六四七	一七三六	伊尹放太甲
	七年	己巳	三六四三	一七三二	太甲復立
沃丁	元年	乙亥	三六三七	一七二六	
太庚	元年	甲辰	三六〇八	一六九七	
小甲	元年	己巳	三五八三	一六七二	
雍己	元年	丙戌	三五六六	一六五五	
太戊	元年	戊戌	三五五四	一六四三	
仲丁	元年	癸丑	三四七九	一五六八	自亳遷隞（囂）
外壬	元年	甲子	三四六八	一五五七	
河亶甲	元年	己卯	三四五三	一五四二	自隞遷相
祖乙（中宗）	元年	戊子	三四四四	一五三三	自相遷邢
祖辛	元年	戊申	三四二四	一五一三	
沃甲	元年	甲子	三四〇八	一四九七	
祖丁	元年	己丑	三三八三	一四七二	
南庚	元年	辛酉	三三五一	一四四〇	自邢遷奄
陽甲	元年	丙戌	三三二六	一四一五	
盤庚	一五年	丁巳	三二九五	一三八四	遷殷
小辛	元年	辛未	三二八一	一三七〇	
小乙	元年	壬辰	三二六〇	一三四九	

武丁（高宗）	元年	壬寅	三二五〇	一三三九	
	三二年	癸酉	三二一九	一三〇八	克鬼方
祖庚	元年	辛丑	三一九一	一二八〇	
祖甲	元年	戊申	三一八四	一二七三	
廩辛	元年	辛巳	三一五一	一二四〇	
庚丁	元年	丁亥	三一四五	一二三四	
武乙	四年	戊戌	三一三四	一二二三	王死於河渭之間
太丁（文武丁）	四年	壬寅	三一三〇	一二一九	周王季爲牧師
帝乙	元年	壬子	三一二〇	一二〇九	
帝辛（紂）	四年	庚寅	三〇六二	一一五一	周文王立
	三三年	己卯	三〇三三	一一二二	周武王立

四、西周

武王	一一年	庚寅	三〇二二	一一一一	伐紂 殷亡
成王	元年	丁酉	三〇一五	一一〇四	周公攝政 武庚亂
	三年	己亥	三〇一三	一一〇二	周公平庚武亂
康王	元年	甲戌	二九七八	一〇六七	
昭王	一八年	丁巳	二九三五	一〇二四	南征不返
穆王	一三年	庚午	二九二二	一〇一一	西征
共王	元年	己亥	二八九三	九八二	
懿王	元年	乙卯	二八七七	九六六	
孝王	元年	丁卯	二八六五	九五四	
厲王	三七年	己未	二七五三	八四二	王出奔

共和	元年	庚申	二七五二	八四一	周召二公行政
宣王	四年	丁丑	二七三五	八二四	伐西戎
	五年	戊寅	二七三四	八二三	伐玁狁及荊蠻
	三一年	甲辰	二七〇八	七九七	伐太原之戎，不克
幽王	一一年	庚午	二六八二	七七一	犬戎入寇，王被弒

五、春秋戰國（東周）

平王	元年	辛未	二六八一	七七〇	東遷雒邑
	四九年	己未	二六三三	七二二	春秋編年開始
桓王	一三年	甲戌	二六一八	七〇七	王伐鄭，敗績
莊王	一二年	丙申	二五九六	六八五	齊桓公立
僖王	三年	壬寅	二五九〇	六七九	齊桓公始霸
惠王	二一年	乙丑	二五六七	六五六	齊桓公伐楚
襄王	一四年	癸未	二五四九	六三八	楚敗宋襄公於泓
	二〇年	己丑	二五四三	六三二	晉敗楚於城濮
	二九年	戊戌	二五三四	六二三	秦霸西戎
頃王	元年	癸卯	二五二九	六一八	
定王	一〇年	甲子	二五〇八	五九七	楚敗晉於邲
簡王	七年	壬午	二四九〇	五七九	宋華元合晉楚之成
	一一年	丙戌	二四八六	五七五	晉敗楚於鄢陵
靈王	一五年	甲辰	二四六八	五五七	晉敗楚於湛阪
	二一年	庚戌	二四六二	五五一	孔子生
	二六年	乙卯	二四五七	五四六	弭兵會

景王	二年	戊午	二四五四	五四三	
敬王	一四年	乙未	二四一七	五〇六	吳破楚
	二六年	丁未	二四〇五	四九四	吳敗越
	四一年	壬戌	二三九〇	四七九	孔子卒
元王	三年	戊辰	二三八四	四七三	越滅吳，句踐霸
貞定王	一六年	戊子	二三六四	四五三	晉趙韓魏三家滅知氏
威烈王	二三年	戊寅	二三一四	四〇三	趙韓魏爲諸侯（戰國之始）
安王	一六年	乙未	二二九七	三八六	齊田氏爲諸侯
顯王	一〇年	壬戌	二二七〇	三五九	秦孝公變法
	二九年	辛巳	二二五一	三四〇	秦伐魏，取河西
	三六年	戊子	二二四四	三三三	六國合縱（翌年解約）
慎靚王	五年	乙巳	二二二七	三一六	秦取蜀
赧王	元年	丁未	二二二五	三一四	齊破燕
	三年	己酉	二二二三	三一二	秦敗楚，取漢中
	四年	庚戌	二二二二	三一一	張儀倡連橫
	八年	甲寅	二二一八	三〇七	趙武靈王胡服騎射
	一六年	壬戌	二二一〇	二九九	秦執楚懷王
	三一年	丁丑	二一九五	二八四	燕破齊
	三六年	壬午	二一九〇	二七九	田單復齊
	三七年	癸未	二一八九	二七八	秦伐楚，拔郢，楚遷陳
	四〇年	丙戌	二一八六	二七五	秦伐魏，圍大梁
	五五年	辛丑	二一七一	二六〇	秦破趙於長平
	五九年	乙巳	二一六七	二五六	秦滅周
秦王政	元年	乙卯	二一五七	二四六	秦王政立
	六年	庚申	二一五二	二四一	楚遷壽春

	一七年	辛未	二一四一	二三〇	秦滅韓
	一九年	癸酉	二一三九	二二八	秦拔趙都，公子嘉立於代
	二一年	乙亥	二一三七	二二六	秦拔燕都薊，燕退保遼東
	二二年	丙子	二一三六	二二五	秦滅魏
	二四年	戊寅	二一三四	二二三	秦滅楚
	二五年	己卯	二一三三	二二二	秦滅燕於遼東　秦滅代，趙亡

六、秦

始皇帝	二六年	庚辰	二一三二	二二一	秦滅齊，併天下，稱皇帝
	二七年	辛巳	二一三一	二二〇	治馳道
	三二年	丙戌	二一二六	二一五	伐匈奴，取河南地
	三三年	丁亥	二一二五	二一四	取南越　築長城
	三四年	戊子	二一二四	二一三	焚書
	三五年	己丑	二一二三	二一二	坑儒，做阿房宮
	三七年	辛卯	二一二一	二一〇	始皇帝崩
二世皇帝	元年	壬辰	二一二〇	二〇九	陳勝、項梁、劉邦起兵
	三年	甲午	二一一八	二〇七	項羽破秦兵於鉅鹿

七、西漢

高祖		元年	乙未	二一一七	二〇六	劉邦入咸陽，秦亡　項羽稱西楚霸王 趙佗自立爲南越王
		二年	丙申	二一一六	二〇五	漢王劉邦討項羽
		五年	己亥	二一一三	二〇二	項羽敗死　劉邦即皇帝位
		七年	辛丑	二一一一	二〇〇	匈奴圍帝於平城
		九年	癸卯	二一〇九	一九八	與匈奴和親
惠帝		七年	癸丑	二〇九九	一八八	呂后稱制
呂后		八年	辛酉	二〇九一	一八〇	呂后卒，諸呂被誅
文帝		三年	甲子	二〇八八	一七七	匈奴破月氏（約十二年後月氏西徙）
景帝		三年	丁亥	二〇六五	一五四	吳楚七國之亂
武帝	建元	元年	辛丑	二〇五一	一四〇	始立年號
		二年	壬寅	二〇五〇	一三九	張騫出使西域
	元光	五年	辛亥	二〇四一	一三〇	通西南夷
	元朔	二年	甲寅	二〇三八	一二七	伐匈奴，取河南地
	三年		乙卯	二〇三七	一二六	張騫自西域歸
	元狩	二年	庚申	二〇三二	一二一	霍去病擊匈奴，取河西地
		四年	壬戌	二〇三〇	一一九	衛青等破匈奴於漢北　置鹽鐵官
	元鼎	二年	丙寅	二〇二六	一一五	張騫使烏孫歸
		六年	庚午	二〇二二	一一一	平南越及西南夷
	元封	元年	辛未	二〇二一	一一〇	平閩越
		二年	壬申	二〇二〇	一〇九	平滇
		三年	癸酉	二〇一九	一〇八	平朝鮮

	太初元年	丁丑	二〇一五	一〇四	造太初曆
	四年	庚辰	二〇一二	一〇一	擊降大宛
	天漢元年	辛巳	二〇一一	一〇〇	蘇武出使匈奴
	二年	壬午	二〇一〇	九九	李陵降匈奴
	征和三年	辛卯	二〇〇一	九〇	李廣利降匈奴
	四年	壬辰	二〇〇〇	八九	頒輪台之詔
昭帝	始元元年	乙未	一九九七	八六	霍光攝政
宣帝	本始二年	己酉	一九八三	七二	與烏孫破匈奴
	神爵二年	辛酉	一九七一	六〇	置西域都護
	甘露三年	庚午	一九六二	五一	匈奴呼韓邪單于來朝
元帝	建昭三年	乙酉	一九四七	三六	陳湯攻殺匈奴郅支單于
成帝	建始元年	己丑	一九四三	三二	外戚王氏用事
哀帝	建平元年	乙卯	一九一七	六	
平帝	元始元年	辛酉	一九一一	西元 一	王莽號安漢公
孺子嬰	居攝元年	丙寅	一九〇六	六	王莽稱假皇帝
	初始元年	戊辰	一九〇四	八	王莽篡位

八、新莽

始建國元年	己巳	一九〇三	九	定天下田爲王田
四年	壬申	一九〇〇	一二	四夷亂
天鳳四年	丁丑	一八九五	一七	綠林兵起
五年	戊寅	一八九四	一八	赤眉兵起
地皇三年	壬午	一八九〇	二二	劉秀起
四年	癸未	一八八九	二三	更始帝劉玄立　王莽敗死

九、東漢

光武帝	建武	元年	乙酉	一八八七	二五	劉秀即帝位　更始敗死
		一九年	癸卯	一八六九	四三	馬援平交阯
	中元	二年	丁巳	一八五五	五七	倭奴國朝貢
明帝	永平	八年	乙丑	一八四七	六五	求佛法於西域
		一六年	癸酉	一八三九	七三	班超使西域
章帝	章和	元年	丁亥	一八二五	八七	班超定西域
和帝	永年	元年	己丑	一八二三	八九	竇憲大破匈奴
		三年	辛卯	一八二一	九一	竇憲再破匈奴，匈奴西走
		六年	甲午	一八一八	九四	西域五十餘國內屬
	元興	元年	乙巳	一八〇七	一〇五	蔡倫造紙
殤帝	延平	元年	丙午	一八〇六	一〇六	
安帝	延光	四年	乙丑	一七八七	一二五	宦官立順帝
順帝	陽嘉	元年	壬申	一七八〇	一三二	張衡造候風地動儀
沖帝	永嘉	元年	乙酉	一七六七	一四五	
質帝	本初	元年	丙戌	一七六六	一四六	
桓帝	延熹	九年	丙午	一七四六	一六六	黨錮之獄起　大秦王使來貢
靈帝	中平	元年	甲子	一七二八	一八四	黃巾亂起
		六年	己巳	一七二三	一八九	袁紹誅宦官
獻帝	初平	元年	庚午	一七二二	一九〇	董卓專政
	建安	元年	丙子	一七一六	一九六	曹操遷帝於許昌
		五年	庚辰	一七一二	二〇〇	孫權領江東
		一三年	戊子	一七〇四	二〇八	赤壁之戰
		一五年	庚寅	一七〇二	二一〇	孫權定交州
		一九年	甲午	一六九八	二一四	劉備取益州

十、魏（三國）

文帝	黃初 元年	庚子	一六九二	二二〇	曹丕篡漢，國號魏
	二年（蜀章武元年）	辛丑	一六九一	二二一	劉備（昭烈帝）即帝位（蜀漢）
	三年（吳黃武元年）	壬寅	一六九〇	二二二	吳王孫權建元
	四年	癸卯	一六八九	二二三	蜀後主立
	六年（蜀建興三年）	乙巳	一六八七	二二五	諸葛亮南征
明帝	太和 元年	丁未	一六八五	二二七	諸葛亮伐魏
	三年	己酉	一六八三	二二九	孫權（吳大帝）稱帝
	四年（吳黃龍二年）	庚戌	一六八二	二三〇	孫權遣軍征夷洲（台灣）
廢帝	正始 七年	丙寅	一六六六	二四六	魏伐高句麗
少帝	正元 元年	甲戌	一六五八	二五四	
元帝	景元 四年（蜀炎興四年）	癸未	一六四九	二六三	魏滅蜀

十一、晉

武帝	泰始	元年	乙酉	一六四七	二六五	司馬炎篡魏
	太康	元年	庚子	一六三二	二八〇	晉滅吳
惠帝	元康	元年	辛亥	一六二一	二九一	賈后及八王之亂起
	永康	元年	庚申	一六一二	三〇〇	八王之亂大作
	永興	元年	甲子	一六〇八	三〇四	匈奴劉淵稱漢王　氐李雄稱成都王（前蜀）（五胡亂起）
懷帝	永嘉	五年	辛未	一六〇一	三一一	漢（匈奴）陷洛陽，帝被擄
愍帝	建興	四年	丙子	一五九六	三一六	漢劉曜陷長安，帝被擄
元帝	建武	元年	丁丑	一五九五	三一七	琅邪王稱晉王於建業
	大興	元年	戊寅	一五九四	三一八	晉王即帝位（東晉建國）
		二年	己卯	一五九三	三一九	漢（匈奴）改號趙（前趙）後趙建國
明帝	大寧	二年	甲申	一五八八	三二四	前涼建國
成帝	咸和	四年	己丑	一五八三	三二九	後趙滅前趙
	咸康	三年	丁酉	一五七五	三三七	前燕建國
		四年	戊戌	一五七四	三三八	代建國
康帝	建元	元年	癸卯	一五六九	三四三	
穆帝	永和	三年	丁未	一五六五	三四七	晉桓溫滅前蜀
		七年	辛亥	一五六一	三五一	後趙亡　前秦建國
		一〇年	甲寅	一五五八	三五四	桓溫破前秦
廢帝	太和	四年	己巳	一五四三	三六九	桓溫伐前秦，兵敗
		五年	庚午	一五四二	三七〇	前秦滅前燕

孝武帝	太元	元年	丙子	一五三六	三七六	前秦滅前涼及代
		七年	壬午	一五三〇	三八二	前秦伐西域
		八年	癸未	一五二九	三八三	肥水之戰
		九年	甲申	一五二八	三八四	後燕、後秦建國
		一〇年	乙酉	一五二七	三八五	西秦建國
		一一年	丙戌	一五二六	三八六	代復國改號魏　後涼建國
		一九年	甲午	一五一八	三九四	前秦亡
安帝	隆安	元年	丁酉	一五一五	三九七	南涼建國
		二年	戊戌	一五一四	三九八	南燕建國
		三年	己亥	一五一三	三九九	法顯赴天竺
		四年	庚子	一五一二	四〇〇	西涼建國
		五年	辛丑	一五一一	四〇一	北涼建國
	元興	二年	癸卯	一五〇九	四〇三	後秦滅後涼　桓玄亂
	義熙	三年	丁未	一五〇五	四〇七	夏建國
		五年	己酉	一五〇三	四〇九	北燕建國　後燕亡
		六年	庚戌	一五〇二	四一〇	劉裕北伐，滅南燕
		一〇年	甲寅	一四九八	四一四	西秦滅南涼　法顯自天竺歸
		一三年	丁巳	一四九五	四一七	劉裕北伐，滅後秦
恭帝	元熙	元年	己未	一四九三	四一九	

十二、南北朝

㈠宋

武帝	永初元年（魏明元帝泰常五年）	庚申	一四九二	四二〇	劉裕篡晉　北涼滅西涼
少帝	景平元年	癸亥	一四八九	四二三	魏太武帝立
文帝	元嘉元年（魏太武帝始光元年）	甲子	一四八八	四二四	魏立天師道場
	八年（魏神䴥四年）	辛未	一四八一	四三二	夏滅西秦　魏滅夏
	一三年（魏太延二年）	丙子	一四七六	四三六	魏滅北燕
	一六年（魏太延五年）	己卯	一四七三	四三九	魏滅北涼（北方統一）
	二三年（魏太平眞君七年）	丙戌	一四六六	四四六	魏禁佛法
孝武帝	孝建元年	甲午	一四五八	四五四	
明帝	泰始七年	辛亥	一四四一	四七一	魏孝文帝立
廢帝	元徽元年	癸丑	一四三九	四七三	
順帝	昇明元年	丁巳	一四三五	四七七	

(二)齊

高帝	建元 元年（魏孝文帝太和三年）	己未	一四三三	四七九	蕭道成篡宋
武帝	永明 三年	乙丑	一四二七	四八五	魏行均田法
	一一年	癸酉	一四一九	四九三	魏自代遷都洛陽
明帝	建武 元年（魏太和一八年）	甲戌	一四一八	四九四	魏禁胡服
	二年	乙亥	一四一七	四九五	魏禁胡語
	三年	丙子	一四一六	四九六	魏改姓氏
東昏侯	永元 元年	己卯	一四一三	四九九	魏孝文帝卒，宣武帝立
和帝	中興 元年	辛巳	一四一一	五〇一	

(三)梁

武帝	天監 二年	壬午	一四一〇	五〇二	蕭衍篡齊
	中大通 四年	壬子	一三八〇	五三二	高歡專魏政
	六年	甲寅	一三七八	五三四	魏分東西
	太清 二年	戊辰	一三六四	五四八	侯景反，陷建康
簡文帝	大寶 元年	庚午	一三六二	五五〇	高洋篡東魏，國號齊（北齊） 西魏作府兵
元帝	承聖 元年	壬申	一三六〇	五五二	侯景敗死 突厥興起
	三年	甲戌	一三五八	五五四	西魏陷江陵
敬帝	紹泰 元年	乙亥	一三五七	五五五	後梁建國於江陵

(四)陳

武帝	永定 元年	丁丑	一三五五	五五七	陳霸先篡梁 宇文覺篡西魏，國號周（北周）
文帝	天嘉 五年	甲申	一三四八	五六四	北齊破北周
臨海王	天康 元年	丙戌	一三四六	五六六	

宣帝	太建	四年	壬辰	一三四〇	五七二	突厥分東西
		九年	丁酉	一三三五	五七七	北周滅北齊（北方再統一）
		一三年（隋文帝開皇元年）	辛丑	一三三一	五八一	楊堅篡北周，國號隋
後主	禎明	元年	丁未	一三二五	五八七	隋滅後梁
		三年	己酉	一三二三	五八九	隋滅陳

十三、隋

文帝	開皇	九年	己酉	一三二三	五八九	滅陳（全國統一）
煬帝	大業	元年	乙丑	一三〇七	六〇五	開通濟渠
		三年	丁卯	一三〇五	六〇七	築長城　日本使來
		四年	戊辰	一三〇四	六〇八	開永濟渠
		六年	庚午	一三〇二	六一〇	開江南河　征流球（台灣）
		七年	辛未	一三〇一	六一一	大亂起
		八年	壬申	一三〇〇	六一二	初征高麗敗還
		一〇年	甲戌	一二九八	六一四	三征高麗

十四、唐

高祖	武德	元年	戊寅	一二九四	六一八	隋煬帝被弒於江都　李淵即位於長安
		七年	甲申	一二八八	六二四	定租庸調法　突厥寇關中
太宗	貞觀	元年	丁亥	一二八五	六二七	玄奘西行

		四年	庚寅	一二八二	六三〇	平東突厥　西北君長奉帝以天可汗　日本遣唐使始來
		九年	乙未	一二七七	六三五	景教傳入
		一四年	庚子	一二七二	六四〇	滅高昌
		一五年	辛丑	一二七一	六四一	文成公主嫁吐蕃贊普
		一七年	癸卯	一二六九	六四三	佛菻使來
		一九年	乙巳	一二六七	六四五	親征高麗　玄奘自天竺回
		二二年	戊申	一二六四	六四八	王玄策使天竺
高宗	永徽	二年	辛亥	一二六一	六五一	大食使來
	顯慶	二年	丁巳	一二五五	六五七	平西突厥
		五年	庚申	一二五二	六六〇	滅百濟
	龍朔	三年	癸亥	一二四九	六六三	破日本於白江口
	總章	元年	戊辰	一二四四	六六八	滅高麗
	上元	二年	乙亥	一二三七	六七五	降新羅
中宗	嗣聖	元年				
武后	光宅	元年	甲申	一二二八	六八四	武后臨朝
	天授	元年	庚寅	一二二二	六九〇	武后稱帝國號周
中宗	神龍	元年	乙巳	一二〇七	七〇五	中宗復位
睿宗	景雲	元年	庚戌	一二〇二	七一〇	韋后弒中宗　臨淄王殺韋后
玄宗	開元	元年	癸丑	一一九九	七一三	渤海建國
		一一年	癸亥	一一八九	七二三	置長從宿衛（彍騎）
	天寶	九年	庚寅	一一六二	七五〇	南詔反
		一〇年	辛卯	一一六一	七五一	高仙芝擊大食敗績
		一四年	乙未	一一五七	七五五	安祿山反
肅宗	至德	二年	丁酉	一一五五	七五七	郭子儀復兩京

	乾元	元年	戊戌	一一五四	七五八	史思明反
代宗	廣德	元年	癸卯	一一四九	七六三	安史亂平
		二年	甲辰	一一四八	七六四	回紇、吐蕃入寇
德宗	建中	元年	庚申	一一三二	七八〇	行兩稅法
		三年	壬戌	一一三〇	七八二	藩鎮大亂
順宗	永貞	元年	乙酉	一一〇七	八〇五	
憲宗	元和	一五年	庚子	一〇九二	八二〇	宦官弒帝
敬宗	寶曆	二年	丙午	一〇八六	八二六	宦官弒帝
文宗	太和	元年	丁未	一〇八五	八二七	
武宗	會昌	五年	乙丑	一〇六七	八四五	毀天下佛寺
宣宗	大中	元年	丁卯	一〇六五	八四七	
懿宗	咸通	元年	庚辰	一〇五二	八六〇	
僖宗	乾符	元年	甲午	一〇三八	八七四	王仙芝作亂
		二年	乙未	一〇三七	八七五	黃巢響應
	中和	四年	甲辰	一〇二八	八八四	黃巢敗死
昭宗	天復	三年	癸亥	一〇〇九	九〇三	朱全忠誅宦官
昭宣帝	天祐	元年	甲子	一〇〇八	九〇四	遷都洛陽

十五、五代

㈠梁

太祖	開平	元年	丁卯	一〇〇五	九〇七	朱全忠篡唐　蜀王建稱帝（前蜀）
		三年	己巳	一〇〇三	九〇九	閩建國
		四年	庚午	一〇〇二	九一〇	吳建國

末帝	貞明　二年（遼契丹太祖神冊元年）	丙子	九九六	九一六	契丹阿保機稱帝
	三年	丁丑	九九五	九一七	南漢建國
	四年	戊寅	九九四	九一八	高麗王建國

(二)唐

莊宗	同光　元年	癸未	九八九	九二三	李存勗滅梁
	三年	乙酉	九八七	九二五	滅前蜀
明宗	天成　二年（契丹太宗天顯元年）	丁亥	九八五	九二七	楚建國
	長興　四年	癸巳	九七九	九三三	後蜀建國
閔帝	應順　元年 廢帝　清泰	甲午	九七八	九三四	

(三)晉

高祖	天福　元年	丙申	九七六	九三六	契丹立石敬瑭爲晉帝
	二年（遼太宗會同元年）	丁酉	九七五	九三七	南唐建國吳亡　割燕雲十六州予契丹
出帝	開運　二年	乙巳	九六七	九四五	南唐滅閩
	三年	丙午	九六六	九四六	契丹陷大梁

(四)漢

高祖	天福　十二年（遼世宗天祿元年）	丁未	九六五	九四七	契丹改國號爲遼　劉知遠稱帝
隱帝	乾祐　三年	庚戌	九六二	九五〇	郭威篡漢

㈤周

太祖 廣順 元年（遼穆宗應曆元年）	辛亥	九六一	九五一	北漢建國 南唐滅楚
三年	癸丑	九五九	九五三	九經版成
世宗 顯德 元年	甲寅	九五八	九五四	破北漢及遼於高平
六年	己未	九五三	九五九	伐遼 帝卒子恭帝立

本國史基本讀本(上冊)

編 著 者/孫文學校
出 版 者/孫文學校
發 行 人/張亞中
總 編 輯/閻富萍
地　　址/台北市萬芳路 60-19 號 6 樓
電　　話/(02)26647780
傳　　真/(02)26647633
E - mail / service@ycrc.com.tw
網　　址/www.ycrc.com.tw
ISBN / 978-986-97019-4-5
初版一刷/2019 年 1 月
定　　價/新台幣 320 元

國家圖書館出版品預行編目（CIP）資料

本國史基本讀本 / 孫文學校編著. -- 初版. --
臺北市 : 孫文學校, 2019.01
冊； 公分

ISBN 978-986-97019-4-5 (上冊 : 平裝). --
ISBN 978-986-97019-5-2 (下冊 : 平裝)

1.中國史

610 108000017